［漢］何休注　［唐］徐彥疏　［唐］陸德明音義

古本十三經注疏

春秋公羊傳註疏

上海古籍出版社

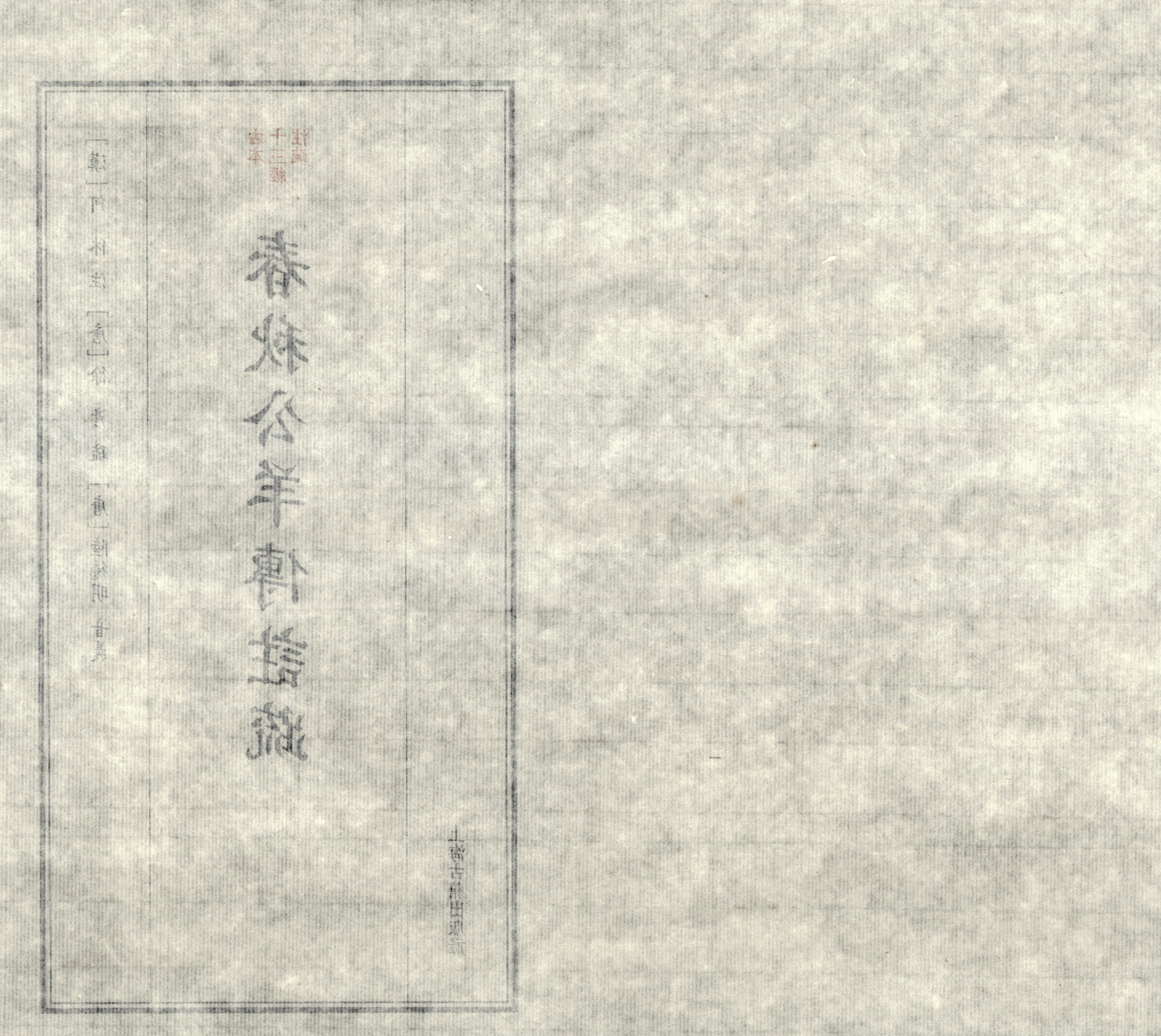

監本春秋公羊註疏莊公卷第七 起八年盡十七年

何休學

八年春王正月師次于郎以俟陳人蔡人次不言俟此其言俟何 據次于陘俟屈完不書俟。屈居勿反 疏 注據次至書俟。解云即僖四年經云遂伐楚次于陘傳云其言次于陘何有俟也孰俟俟屈完也是也然則彼但録其次而不書俟與此異故讙之

託不得已也 師出本爲下滅盛興陳蔡屬與魯伐衛同心人國遠故因假以諱滅同姓託待二國爲留辭主所以辟下言及也加以者辟實俟陳蔡稱人者略以外國辭稱人譏之。本爲于僞反傳及注爲久皆同屬與音燭 疏 注陳蔡至伐衛。解云即其經云公會齊人宋人陳人蔡人伐衛是也。注同心又國遠。解云欲對齊宋雖亦同心而近魯是以不得託待齊宋。注所以辟下言及也。解云即經下云夏師及齊師圍成是也凡言及者汲汲之辭若此時已出師其間更無所待即下文言及乃至汲汲之甚者便是魯人欲得滅同姓孜孜之深是以託待陳蔡以辟之。注加以者辟實俟。解云若其實俟宜但云師次于郎俟陳人蔡人而已何須言以乎今言以俟陳人蔡人明更有由以乃爲俟之故言加以者辟實俟也

甲午祠兵祠兵者何出曰祠兵 禮兵不從使故將出兵必祠於近郊陳兵習戰殺牲饗士卒。祠兵音嗣祭也左氏作治兵下文注同卒子忽反 疏 祠兵者何。解云凡出師之禮皆有祠兵之事而此特書故執不知問。出曰祠兵。解云何氏之意以爲祠兵有二義也一則祠其兵器二則殺牲享士卒故曰祠兵矣。注禮兵至近郊。解云時王之礼也

入曰振旅 五百人曰旅 疏 注五百人曰旅。解云大司馬叙官文

其禮一也皆習戰也 言與祠兵禮如一將出不嫌不習故以祠兵言之將入嫌於廢之故以振訊士衆言之互相見也祠兵壯者在前難在前振旅壯者在後復長幼且衛後也。訊音信又音峻本亦作迅相見賢遍反下同難乃旦反長丁丈反

何言乎祠兵 據不書 疏 注據不書。解云今此書之而言據不書者正謂他處皆不書郎間不書矣而此書之者是以致難

爲久也 爲久稽留之辭 疏

注爲久稽留之辭。解云爲猶作言爲久稽留之辭矣**曷爲爲久**據取長葛久之疏注據取長葛久之。解云隱五年冬宋人伐鄭圍長葛六年冬宋人取長葛傳云外取邑不書此何以書久也是然則彼所以書者譏其久今以祠兵者爲久稽留之辭似於義反故難之**吾將以甲午之日然後祠兵於是**諱爲久留辭使若無欲滅同姓之意因見出竟明盛非內邑也疏注因見至邑也。解云出曰祠兵即爾雅出曰治兵之文也今書祠兵即是出竟之義則知下言圍成者非內邑明矣。**夏師及齊師圍成成降于齊師成者何盛也**以上有祠兵下有盛伯來奔。成如字二傳作郕降于戶江反傳及下注皆同疏成者何。解云成爲內邑盛氏所有而與齊圍之故執不知問。注以上至來奔。解云文十二年春王正月盛伯來奔傳云盛伯者何失地之君也何以不名兄弟辭也是也**盛則曷爲謂之成諱滅同姓也**因魯有成邑同聲相似故云爾疏注因魯至云爾。解云定十二年十有二月公圍成成者是魯有成邑之文**曷爲**

不言降吾師據戰於宋不言歸衞疏注據戰至歸鄭。解云桓十二年十有二月及鄭師伐宋丁未戰于宋是也彼則不言宋歸于鄭此言成降于齊師故難之其歸字有作販字者誤也**辟之也**辟滅同姓言圍者使若魯圍之而去成自從後降於齊師也降者自伏之文所以辟歸於齊言及者起魯實欲滅之不月者順諱文不書盛此出奔深諱之疏注言及者至滅之。解云以及者汲汲之文故也。注不月者順諱文解云凡滅例月即莊十年冬十月齊師滅譚莊十三年夏六月齊人滅遂之屬是也今此亦滅而不書月者順諱文使若不滅矣。注不書至諱之。解云如此注者正欲決莊十年冬十月齊師滅譚譚子奔莒之屬書其出奔也今成被滅至文十二年春乃書盛伯來奔於所傳聞世乃言所奔者深諱故也。**秋師還還者何善辭也此滅同姓何善爾病之也**慰勞其罷病。慰勞力報反下同其罷音皮下同疏還者何。解云欲言其惡還是善辭欲言其善實滅同姓故執不知問**曰師病矣曷爲病之**據師出皆罷病曷爲獨勞此病也**非師之罪**

注爲久稽留之辭。解云爲
久猶作言爲久稽留之辭矣
曷爲爲久
據取長
葛久之
疏
注
據
取長葛久之。解云隱五年冬宋人伐鄭圍長葛六年冬宋
人取長葛傳云外取邑不書此何以書久也是然則彼所以
書者譏其久今以祠兵者爲久
稽留之辭似於義反故難之
吾將以甲午之日然
後祠兵於是
諱爲久留辭使若無欲滅同姓
之意因見出竟明盛非內邑也
疏
注因
見至
邑也。解云出曰祠兵即爾雅出曰治兵之文也今書
祠兵即是出竟之義則知下言圍成者非內邑明矣
。夏
師及齊師圍成成降于齊師成者何盛也
以上有祠兵下有盛伯來奔。成如字
二傳作郕降于戶江反傳及下注皆同
疏
成者何。解云
成爲內邑孟氏
所有而與齊圍之故執不知問。注以上至來奔。解云文
十二年春王正月盛伯來奔傳云盛伯者何失地之君也何
以不名兄弟
辭也是也
盛則曷爲謂之成諱滅同姓也
因魯
有成
邑同聲相
似故云爾
疏
注因魯至云爾。解云定十二年十
有二月公圍成者是魯有成邑之文
曷爲

不言降吾師
據戰於宋
不言歸衛
疏
注據戰至歸鄭。解云桓
十二年十有二月及鄭師
伐宋丁未戰于宋是也彼則不言宋歸于鄭此言
成降于齊師故難之其歸字有作敗字者誤也
辟之也
辟滅同姓言圍者使若魯圍之而去成自從後降於齊師也
降者自伏之文所以辟歸於齊言及者起魯實欲滅之不月
者順諱文不書盛
也出奔深諱之
疏
注言及者至滅之。解云以及者
汲之文故也。注不月者順諱文
解云凡滅例月即莊十年冬十月齊師滅譚莊十三年夏六
月齊人滅遂之屬是也今此亦滅而不書月者順諱文使若
不滅矣。注不書至諱之。解云如此注者正欲决莊十年
冬十月齊師滅譚譚子奔莒之屬書其出奔也今成被滅至
文十二年春乃書盛伯來奔於所
傳聞世不言所奔者深諱故也
。秋師還還者何
善辭也此滅同姓何善爾病之也
慰勞其罷病
。慰勞力報
反下同其罷
音皮下同
疏
還者何。解云欲言其惡還是善辭
欲言其善實滅同姓故執不知問
曰
師病矣曷爲病之
據師出皆罷病曷
爲獨勞此病也
非師之罪

也明君之使重在君因解非師自役役疏注明君至在君。解云所以慰勞師之罷病者明君之滅同姓非師之罪其重在于君也。注因解非師自役役。解云正以役者役役之辭故也。冬十有一月

癸未齊無知弒其君諸兒諸兒襄公也無知公子夷仲年之子襄公從父

。兒如字一音五兮反從才用反

九年春齊人殺無知。公及齊大夫盟于暨

公曷為與大夫盟據與高傒盟諱不言公。暨其器反左氏作蔇疏注據盟至言公。解云莊二十二年秋七月丙申及齊高傒盟于防傳云齊高傒者何貴大夫也曷為就吾微者而盟公也公則曷為不言公諱與大夫盟也者是

齊無君也然則何以不名據高傒名為其諱與大夫盟也使若眾然鄰國之臣猶吾臣也君之於臣當告從命行而反歃血約誓故諱使若悉得齊諸大夫約束之者愈也不月者是時齊以無知之難小白奔莒子糾奔魯齊迎子糾

欲立之魯不與而與之盟齊為是更迎小白然後乃伐齊欲納子糾不能納故深諱使若信者也不致者魯地也子糾出奔不書者本未命為嗣賤故不錄之。為其于偽反注為是及下注皆為魯為同歃所洽反又所甲反難乃旦反疏注不月至信者也。解云公羊之例大信時小信月不信日經今不月使若信者謂若大信也不謂月者小信辭也。注不致者魯地也。解云正決桓二年秋公及戎盟于唐冬公至自唐之文也若然定十二年十有二月公至自圍成然則成是內邑而書致者彼注云成仲孫氏邑圍成月又致者天子不親征下土諸侯不親征叛邑公親圍成不能服不能以一國為家甚危甚於他國來故危錄之是也。注子糾至錄之解云如此注者正決桓十一年鄭忽出奔衛書之故也子糾出奔魯宜言來奔而言出奔者據齊言之亦無傷矣。夏公伐齊納糾納者何據晉人納捷菑于邾婁下言伐。納糾左氏經亦作納子糾

入辭也其言伐之何疏夏公伐齊納糾。解云無子字者與左氏經異。納者何。解云欲言得國下有齊人取殺之文欲言不得國納者入辭故執不知問。其言伐之何。解云案隱七年冬戎伐凡伯于楚丘以歸傳云此聘也其言伐之何彼注云加

之者辟問輕重兩舉之然則此傳非問輕重兩舉而亦言之
下十年傳云觕者曰侵精者曰伐戰不言伐圍不言戰入不
言圍滅不言入書其重者也然則侵伐戰圍入滅數者相對
是其輕重之名今以納問伐直據納接菑不言伐而已實非
輕重兩舉故得言之矣。注据晉县至言伐。解
云即文十四年經云晉人納接菑于邾婁是也 伐而言納
者猶不能納也 伐者非入國辟故云尒 疏 注伐者至云尒。解云下十年傳云觕者
曰侵精者曰伐然則伐者雖重於侵仍非入國之義是以此經兼舉其伐見不能納矣 糾者何公
子糾也何以不稱公子 据下言了糾知非當國本當去國見挈言公子糾。去國
起呂反下故去同 疏 糾者何。解云欲言已臣納於他國於言齊臣文不繼齊故執不知問。注据下至子糾
解云下經云九月齊人取子糾殺之傳云其稱子糾何貴也其貴奈何宜為君者也彼注云故以君薨稱子某言之著者
其宜為君則下經言子見其貴則知此經單言糾者非當國之辭既不作當國之辭故今宜但去國言公子糾見挈於魯
侯而已是以問其名不稱公子 君前臣名也 春秋別嫌明疑嫌當為齊君在魯君前不為臣礼公
子無去國道臣異國義故云公父子見臣於魯也納不致者言伐得意不得意可知猶遇弗遇例也不月者非納篡辭。別
彼列反見賢徧反 疏 注禮公至匡義。解云然則禮有三諫不從待放去者其異姓之臣乎公子者同姓之臣
本無去國之義矣。注納不至可知。解云上六年注云公與一國及獨出用兵得意不致不得意致伐今此納糾而不
入亦是不得意而不言公至自伐齊者謂此經既言公伐齊納糾言伐者不得意明矣何勞致伐見不得意乎故云納不
致者言伐得意不得意可知矣。注猶遇弗遇例也。解云上六年注云公與一國出會盟得意致地不得意不致然則
春秋之內亦有遇禮所以不致地以見得意者正以經書亦有遇弗遇之文則知書遇得意明矣何勞致地以見之乎則
知隱四年夏公及宋公遇於清言遇得意可知桓十年秋公會衛侯于桃丘不遇不得意明矣故云猶遇弗遇例也。注
不月至篡辭。解云隱四年冬十有二月衛人立晉注云月者大國篡例月小國時立納入皆為篡然則莊六年夏六月
衛侯朔入于衛哀六年秋七月齊陽生入于齊之屬皆是也今此亦書納而不月者子糾次正宜立非篡故也非篡而言
納者納者入辭子糾不得國魯公之當是以書伐納見其伐而不能納以刺魯侯矣 齊小白入于

[illegible]

齊曷爲以國氏據宋公子地自陳入于蕭氏公子也疏注據公至子也。解云即定十一年春宋公之弟辰及仲佗石彄公子地自陳入于蕭以叛是也當國也當國故先氏國也不月者移惡于魯也疏注不月至魯也。解云正以大國篡例月故言此矣而言移惡于魯者正以小白成篡實由魯人不早送子糾故也其言入何篡辭也。秋七月丁酉葬齊襄公。八月庚申及齊師戰于乾時我師敗績內不言敗此其言敗何據郎之戰疏其言入何。解云據桓十七年秋八月蔡季自陳歸于蔡不言入今言入故難之不注言者文不悉也。秋七月至襄公。解云隱三年傳曰過時而日隱之也彼注云隱痛也痛賢君不得以時葬則襄公去年十一月見殺至今年秋七月整九月也而書日葬之明是痛賢君不得以時葬故也而注不言之者從可知省文也其襄公之賢見於上四年。注據郎之戰。解云桓十年冬十有二月丙午齊侯衛侯鄭伯來戰于郎傳云此偏戰也何以不言師敗績內不言戰言戰乃敗矣然則彼文師實成敗故此弟子據而難之伐敗也自誇大其伐而取敗。自誇苦瓜反本又作夸下同曷爲伐敗據內不言敗績曷爲自誇大其伐而取敗復讎也復讎以死敗爲榮故錄之高齊襄賢仇牧是也疏注高齊襄。解云即上四年夏紀侯大去其國傳云曷爲不言齊滅之爲襄公諱也春秋爲賢者諱何賢乎襄公復讎也襄公將復讎乎紀下之曰師喪分焉寡人死之不爲不吉也者是高齊侯復讎以死敗爲榮之事矣注賢仇牧是也者即下十二年秋宋萬弑其君接及其大夫仇牧傳云何以書賢也何賢乎仇牧仇牧可謂不畏強禦矣其不畏強禦奈何云云萬怒搏閔公絕其脰仇牧聞君弑趨而至遇之於門手劒而叱之萬臂摋仇牧碎其首齒著乎門闔仇牧可謂不畏彊禦矣是賢仇牧復讎以死敗爲榮之義此復讎乎大國曷爲使微者據納子糾入公猶自行即大夫當有名氏疏注即大夫當有名氏。解云公羊之義以大夫得具名氏謂士爲微故言此公也如上據知爲公公則曷爲不言公不與公復讎也曷爲不與公復讎據諱與讎狩疏注據諱與讎狩。解云即上四年

冬公及齊人狩于郜傳云公曷爲與微者狩齊侯也齊侯則
其稱人何諱與讎狩也然則公與讎人狩則以爲不書而諱
之今乃復讎于齊宜以
爲善而反不與故難之**復讎者在下也**時實爲不能納子糾伐齊諸大
夫以爲不如以復讎伐之於是以復讎伐之非誠心至意故
不與也書敗者起託義戰不殺者有敗文得意不得意可知
例**疏**注書敗者起託義。解云春秋之例內不言戰言戰
乃敗今乃經上文云戰于乾時即內敗明矣而又言
我師敗績者起託以敗爲榮故也。注戰不至知例。解云
六年不得意致伐之下注云公與一國及獨出用兵得意不
致不得意致伐今此亦不得意合致伐而不致伐
者既有我師敗績之文不得意明矣故言可知例。**九月**
齊人取子糾殺之其取之何據楚人殺陳夏徵舒不言取執齊慶封殺
之言執也。夏户雅反**疏**注據楚至言取。解云宣十一年冬十月
楚人殺陳夏徵舒是也。注執齊至執也
解云即昭四年秋七月楚子蔡侯陳
侯以下伐吳執齊慶封殺之是也**內辭也脅我使**
我殺之也以下陵洙知其脅也以稱人共國辭知使魯
殺之時小白得國與鮑叔牙國國政故鮑叔

薦管仲召忽曰使彼國得賢已國之患也乃脅魯使殺子糾
求管仲召忽魯懼殺子糾歸管仲召忽死之故諱使若
齊自取殺之。召忽本文**疏**注以稱至殺之。解云謂不
作召上照反恐丘勇反言齊鮑叔取子糾殺之而言
齊人則知一人之號二國共有則知
齊魯皆有殺子糾之惡明矣是以注者約之。注時小白至
取殺之。解云皆
世家及齊語之事**其稱子糾何**據不立也**疏**注據不立也。解云正以下
三十二年冬十月乙未子般卒傳云君存稱世子君薨稱
子某然則子糾者嗣君之稱今竟不立得言子糾故難之**貴**
也其貴奈何宜爲君者也故以君薨稱子某言之者其宜爲君明魯爲
齊殺之皆當坐弒君因解上納言糾皆不爲篡所以理嫌疑
也月者從未踰年君例主書者從齊取也。當坐才卧反後
當坐之類**疏**注故以君至言之。解云莊三十二年傳文
皆放此注明魯至弒君。解云魯所以當坐弒君即
穀梁傳云十室之邑可以逃難百室之邑可以隱死以千乘
之魯而不能存子糾以公爲病矣是。注因解至嫌疑。解云
此經若不言子糾上納言糾有當國之嫌後人疑其篡矣今
作嗣君之稱則知上經單言糾作君前臣名之故也故言所

以理嫌疑也。○注月者從未踰年君例。○解云：隱公四年春
二月戊申，衛州吁弒其君完，注云：日者，從外赴辭，以賊聞
例。然則弒成君者，例皆書日，即宣二年秋九月乙丑，晉趙盾
弒其君夷獋；宣四年夏六月乙酉，鄭公子歸生弒其君夷之
屬是也。今此子糾見弒而書月，故知從未踰年君例。若然，僖
九年冬，晉里克弒其君之子奚齊，傳云：其言弒其君之子奚
齊何？弒未踰年君之號也。所以不月者，彼注云：弒未踰年君
例當月，不月者，不正遇禍，終始惡明，故略之是也。若然，僖十
年春正月，晉里克弒其君卓子及其大夫荀息，其踰年而不
日者，彼注云：不日者，不正遇禍，終始惡明，故略之是也。鄉來
所述，皆是外諸侯之例。若其內，則異于此，是以莊三十二
年冬十月乙未子般卒，文十八年十月子卒，皆是未踰年之
君，而日或月者，彼自作三世之義，云云之說已具于上。○注
主書者從齊取也。○解云：言主書此事者，正欲從而罪齊，但
因見魯之惡耳。○冬，浚洙。洙者何？水也。以言浚也。○浚，思俊反，深也。洙音殊，水名。
疏洙者何？○解云：欲言邑而無營築之文，欲言川水更無比例，故執不知問。○注以言浚也。○解云：正以莫尚書浚畎澮之文同，故知水名。
浚之者何？深之也。曷爲深之？據本非人功所爲。

疏浚之者何？○解云：正以洙是舊水，今始言浚，故執不知問。○注據本非人功所爲。○解云：正言畎澮之屬是人功爲之故也。
畏齊也。洙在魯北，齊所由來。曷爲畏齊也？據伐敗也。
疏注據伐敗也。○解云：即上傳云：內不言敗，此其言敗何？伐敗也。注云：自誇大其伐而取敗是也。
辭殺子糾也。時魯新見脅畏齊，浚之纖弱恥甚，故諱，使若辭不肯殺子糾也。齊自取殺之，畏齊恐爲備，亦所以起上脅也。
疏注亦所以起上脅也。○解云：言今此畏齊者，由前被脅而殺子糾，因茲大操，遂深洙水矣。
十年春王正月，公敗齊師于長勺。○勺時灼反。○二月，公侵宋。曷爲或言侵，或言伐？觕者曰侵，觕，麤也。將兵至竟，以過侵責之，服則引兵而去，用意尚麤。○觕者，七奴反，又才古反。
疏曷爲或言侵或言伐。○解云：即此文公侵宋及上九年夏公伐齊納糾之屬是。○注以過侵責之。○解云：以其犯過而侵責之。
精者曰伐。精猶精密也。侵責之不服，推兵入竟，伐擊之益深，用意稍精密。
疏注侵責之至益深。○解云：推猶舉也。言纔侵不服

則更字兵深入其竟而伐擊之益深於前戰不言伐舉戰爲重繫戰是也合兵血刃曰戰圍
不言戰舉圍爲重楚子圍鄭是也以兵守城曰圍入不言圍舉入爲重晉侯入曹執曹
伯是也得而不居曰入滅不言入舉滅爲重齊滅萊是也取其國曰滅書其重者
也明當以重者罪之猶律一人有數罪以重者論之月者屬北敗還齊之兵南侵還宋南北有難復連禍於大國
故危之○數所主反屬音燭疏注月者至危之○解云正以侵伐例時即上九年夏公伐齊之屬是也今書月
故如此解是以穀梁傳曰侵例時此其月何也乃深其怨於齊文退侵宋以衆其敵惡之故謹而月之是也○二
月宋人遷宿遷之者何不通也以其不道所遷之地疏遷之
者何○解云欲言其遷不言于某欲言不遷經書遷宿故執
不知問○注以其不道所遷之地○解云正以不言于某知
非宋遷矣以地還之也還繞也解上不通也不通反爲遷者宋本欲遷宿君取其國不知宿之不
肯邪宋逆詐邪先繞取其地使不得通四方宿窮從宋求遷故得言遷疏注宋逆詐邪○解云謂宋人逆意其

不服預詐而遷之○宿歸從宋求遷○解云謂宿君服去矣子沈子曰不通者蓋
因而臣之也以宋稱人也宿不得通四方宿君遷宋因臣有之不復以兵攻取故從國辭稱人也
月者遷取王封當與滅人同罪書者宋當坐滅人宿不能死社稷當絕也主書者從宋也○不復扶又反疏注故
從國辭稱人也○解云端拱取宿不煩兵武人人皆欲故以國辭稱人矣○注月者至絕也○解云春秋之例大國之遷
例月即僖三十一年十有二月衛遷于帝丘小國時者即昭九年春許遷于夷之屬是也今此宿是小國宋人遷之而反
書月故云月者遷取王封當與滅人同罪也其滅國書月即下冬十月齊師滅譚十三年夏六月齊人滅遂之屬是也若
然案僖元年夏六月邢遷於陳儀邢是小國而書月者彼注云遷例大國月重傾勞也小國時此小國月者霸者所助城
故與大國同是也○注主書者從宋也○解云言主書此事者止欲從而罪宋遷取王封但因見宿君不死社稷之惡耳
○夏六月齊師宋師次于郎公敗宋師于乘
丘其言次于郎何据齊國書伐我不言次敗不言乘丘○乘繩證反疏注据

[illegible]

因[illegible]也[illegible]

[illegible]宋人[illegible]

[illegible]也[illegible]之人也[illegible]不[illegible]

[illegible]不言[illegible]人不言[illegible]

不言[illegible]不言[illegible]

齊至言次。○解云即哀十一年春齊國書帥師伐我是也。○注敗言乘丘。○解云正以敗言乘丘反次在郎於義似爭敵之難伐也。時伐魯故書次郎魯地伐則其言次何。據齊國書伐我不言次齊與伐而不與戰故言伐也。此道本所以當言伐意也齊與伐而不與戰伐兵得成敗當言伐也。○齊與音預下及注同、疏齊與伐至言伐也。○解云若齊本與宋共伐而但不與戰故有書其伐耳我能敗之故言次也。此解本所以不言伐言次意也一國纔止次未成於伐魯即能敗宋師齊師罷去故不言伐言次也明國若當彊折衝當遠禦微弱深見犯至於近邑頼能速勝之故云爾所以彊內且明臣子當將順其美匡救其惡。○折衝之設反下昌容反疏注折衝當遠。○解云謂折服衝衝之心當遠也。○注至於近邑。○解云即指十年傳云郎者何吾近邑是也。○注且明至其惡孝經文襄十四年左氏傳文也言爲臣子之法宜行君父之義順君父之美即此上注云頼能速勝之是也若見君父之惡當正而救之即上注云魯微弱深見犯至於近邑是也。○秋九月荊敗蔡師于莘以蔡侯獻舞歸荊者何州名也州謂九州冀兗青徐揚荊豫梁雍。○莘所巾反雍於用反疏荊者何。○解云欲言是國由來未有欲言非國而敗蔡師故執不知問。○注州謂至梁雍。○解云案禹貢冀州既載鄭注云載之言事事謂作徒設也兩河間曰冀州不書其界者時帝都之使若廣大然濟河惟兗州鄭注云兗州之界在此兩河間海岱惟青州鄭注云今青州界自海至岱東岳曰岱山海岱及淮惟徐州鄭注云徐州界又南至淮水淮海惟楊州鄭注云楊州界自淮而南至海以東也荊及衡陽惟荊州鄭注云荊州界自荊山南至衡山之南荊河惟豫州鄭注云豫州界自荊山而北至河華陽黑水惟梁州鄭注云梁州界自華山之南至于黑水也黑水西河惟雍州鄭注云雍州界至黑水而東至西河也然則何氏出注九州之名及次第皆依禹貢之州界不敢依職方與爾雅者正以禹貢爲正典故也案爾雅釋地云兩河間曰冀州李巡云兩河間其氣性相近故曰冀州冀近也河南曰豫州孫氏郭氏皆云自東河至西河之南曰豫州李巡曰河南其氣著密厥性安舒故曰豫豫舒也河西曰雍州李氏云其氣蔽壅受性急凶故曰雍雍壅塞也漢南曰荊州其氣慘剛稟性強梁故曰荊荊強也江南曰楊州李氏云江南其氣慘勁厥性輕揚故曰楊州也孫

氏郭氏曰自江至南海也濟河間曰兖州李氏云濟河間其氣專質故性信謹故曰兖州兖信也燕曰幽州李氏云燕其意氣惡故性僄疾故曰幽幽惡也孫氏郭氏曰自易水至北狄也齊曰營州李氏曰齊其氣清舒受性平均故曰營營平也今爲青州孫氏郭氏曰自岱東至海濟東曰徐州李氏曰濟東至海其氣寬舒稟性安徐徐舒也孫氏郭氏曰濟東至海也然則爾雅九州有幽營無梁青蓋是殷制故與禹貢不同案今禹貢則有梁青無幽營蓋是夏之法矣其舜既九州而置十二者則幽并及營是案周禮職方氏云東南曰揚州正南曰荆州河南曰豫州正東曰青州河東曰兖州正西曰雍州東北曰幽州河内曰冀州正北曰并州然則周禮有青幽并也若對爾雅則長青并無徐營若對禹貢則長幽并無徐梁矣但職方周法何氏不取故此注不依之耳

州不若國國不若氏氏不若人人不若名名不若字皆取精詳録也 疏 州不若國○解云言荆不如言楚○國不若氏○解云言楚不如言潞氏甲氏○氏不若人○解云言潞氏不如言楚人○人不若名○解云言楚人不如言介葛盧○名不若字○解云言介葛盧不如言邾婁儀父○注皆取精詳録也○解云正以貴重爲詳録輕賤爲略之也

字不若子爵最尊春秋假行事以見王法聖人爲文辭孫順善善惡惡不可正言其罪因周本有奪爵稱國氏人名字之科故加州文備七等以進退之若自託事者書人姓名主人習其讀而問其傳則未知己之有罪焉爾猶此類也○見賢徧反孫音遜惡惡並如字一讀上烏路反傳直專反 疏 字不若子○解云言邾婁儀父不如言楚子吴子○注春秋至王法○解云即孔子曰我欲託諸空言不如載諸行事是也○注善善至其罪○解云若其善善可正言其美但以惡惡不可正言其罪若正言其罪則非孫順之義故此何氏徧以其罪言之若其備文宜云不可正言其善惡矣○注因周至之科○解云即隱元年注邾婁儀父云稱字所以得爲褒者春秋前失爵在名例之屬是也○注故加州至姓名○解云所以必備七等之法者正以此斗七星主賞罰示法春秋者賞罰之書故則之故說題辭曰北斗七星有政春秋亦以七等宜化運斗樞曰春秋設七等之文以貶絶録行應斗屈伸是也○注主人至焉爾○解云定元年傳文彼注云此假設而言之主人謂定哀也習其經而讀之問其傳解詁則未知己之有罪於是與也

蔡侯獻舞何以名據獲晉侯不名 疏 注據獲晉侯不名○解云僖十五年晉侯及秦

伯戰于韓獲晉侯異也絶曷爲絶之據晉侯不名絶（疏）絶○解云禮諸侯不生名則書
名者絶之不以爲諸侯也獲也獲得也戰而爲敵所得虜舞不言獲敵名以進之曷爲不言
其獲據晉侯言獲也不與夷狄之獲中國也與凡伯同義夷狄謂楚不
言楚言荆者楚彊而近中國卒暴責之則恐爲害深故進之以漸從此七等之極治也○近附近之近卒七忽反（疏）
不與至中国也○解云秦亦夷狄而得獲晉侯者非真故也是以爵得稱伯居舊土耳○注與凡伯同義○解云即隱七
年注云中国者礼義之國也執者治文也君子不使無礼義
制治有禮義故絶不言執正之言伐也所以降夷狄尊天子
爲順辭然則此亦獲者治文君子不使無禮義制治有礼義
故絶不言獲正之所以降夷狄尊中国爲順辭矣故云與凡
伯同義然則彼已有傳此復發之者彼是天子大夫此則諸
侯嫌其異故同之○注夷狄至極始也○解云注言此者欲
道楚屬荆州吴屬揚州所以抑楚言荆不抑吴言揚者正以
楚近中国恐爲中国之害故欲進之以漸先從卑稱進之若
先得貴名而後退之則恐害於諸夏故也運斗樞曰抑楚言
荆不使夷狄主中國者義亦通於此戴氏云荆楚一物義能

相發吴揚異訓故不得州名也者與何氏異穀梁傳曰荆者
楚也何爲謂之荆狄之也何爲狄之聖人立必後至天子弱
必先叛故曰荆狄之也與此異不得合也○冬十月齊師滅譚譚子奔
莒何以不言出據衛侯出奔也○譚徒南反（疏）注據衛侯出奔也解云即僖二十八
年衛侯出奔楚襄十四年衛侯衎出奔齊之屬是也注者欲據二人故不道所奔國也國已滅矣
無所出也別於有國出奔者孔子曰君子於其言無所苟而已矣月者惡不死位也○别彼列反惡
烏路反
十有一年春王正月○夏五月戊寅公敗宋
師于鄑○鄑子斯反○秋宋大水何以書記災也外
災不書此何以書據漷移不書○漷火虢反又音郭（疏）注據郭移不書○解
云即襄十九年取邾婁田自漷水傳云其言自漷水何以漷
爲竟也何言乎以漷爲竟漷移也注云魯本與邾婁以漷爲

竟遂移入邾婁界魯隨而有之者是也**及我也**時魯亦有水災書魯則宋災不見兩舉則煩文不省故諱

例書外以見內也先是二国比與兵相敗百姓同怨而俱災

故明天人相與報應之際甚可畏之。不見賢徧反下同省所景反應應對之應 疏 注時魯至見內也。解云案襄九年春宋火

傳云外災不書此何以書為王者之後記災

與此異者正以比言大水水者流通之道可以及兩國故得

書外以明內矣彼是火災無及內之理而得書見明為王者

之後記災故也其然襄十九年傳云鄣移也亦是水災何不

書邾婁大水以見及內者彼直移入邾婁竟內故魯隨而侵

之實不及魯宋得類此。注先是二国比與兵相敗。解云

即上所云八公敗宋師于鄑十年夏公敗宋師于乘丘之屬是

也○**冬王姬歸于齊何以書過我也**時王者嫁女於齊塗過魯

明當有送迎之礼在塗不稱婦者王者無外故從在国辭。過古禾反 疏 注在塗不稱至在国辭。解云正以

隱二年傳云女在其国稱女在塗稱婦入国稱夫人今此在

塗而不稱婦故如此注也云王者無外者桓八年傳云女在

其國稱女此其稱王后何

王者無外其辭成矣是也

十有二年春王三月紀叔姬歸于酅其言歸于酅何據國滅來歸不書酅非紀国而言歸 疏 注據國至不書。解云即上四年紀侯大去其国不

書叔姬來歸是也叔姬來歸所以不書者正以熙云叔姬來歸

不書非歸字且非大歸是也然則紀國之滅在莊四年至此

乃歸酅者正以熙云叔姬守酅積有年矣季雖有酅入于齊不

敢懷二然襄公狩狼未可聞信桓公既立德行方宣於天下

是以叔姬歸于酅魯喜其女得申其志也。注酅非紀國而

言歸。解云謂非國都今又屬齊如此注者意決隱七年叔

姬歸于紀之經矣**隱之也何隱爾其國亡矣徒歸于叔爾也**叔者紀季也婦人謂夫之弟為叔來歸不書書歸酅

者痛其國滅無所歸也酅不繫齊者時齊所後五廟

故国之起有五廟存也月者恩錄之 疏 注婦人至為叔。解云爾雅文即曲

禮上篇云嫂叔不通問是也。注酅

不至廟存也。解云如此注者正欲決昭二十一年宋華亥

等自陳入于宋南里以畔之文矣。注月者恩錄之。解云

即上元年注云内女歸例月外女不月者畢人探人情以制

恩實不如魯女然則内女之歸皆書月者悉為恩錄故也是

以此注云月者因錄之○夏四月○秋八月甲午宋萬弒其
君接及其大夫仇牧及者何累也弒君多矣
舍此無累者乎孔父荀息皆累也舍孔父荀
息無累者乎曰有復反覆發傳者樂道人之善也孔子曰益者三樂損者三樂樂節禮
樂樂道人之善樂多賢友益矣樂驕樂樂佚遊樂宴樂損矣○接左氏作捷仇牧音求下音木舍音捨下舍孔父同復扶
又反年未同覆芳服反驕樂音洛下宴樂同（疏）宋萬弒其君接○解云正本皆作接字故賈氏云公羊穀梁曰
接是也○及者何○解云尊卑灼然而言及以殊之故執不知問○孔父荀息皆累也○解云孔父之累在桓二年荀息
之累在僖十年○曰有○解云欲指文公十八年叔仲惠伯被殺之事○注復反至之善也○解云謂桓二年已有此傳
矣○注孔子曰至損矣○解云樂皆是發心之樂雖有禮下一樂是禮樂之樂耳言樂節禮樂者言樂得禮樂之節言樂
道人之善者謂口道之道言樂佚遊者樂欲遊從言樂宴樂者樂欲安樂而好內矣有則此何以

書賢也何賢乎仇牧据與孔父同也（疏）注据與孔父同○解云案桓二年傳
云何賢乎孔父彼注云据叔仲惠伯不賢今此傳云何賢乎仇牧者亦與孔父同据故言据與孔父同仇牧
可謂不畏彊禦矣以下錄萬出奔月也禦禁也言協彊不可禁也○禦魚呂反（疏）
注以下至月也○解云即下文冬十月宋萬出奔陳注云月者使與大國君奔同例明彊禦也是其不畏
彊禦奈何萬嘗與莊公戰莊公即魯莊公戰者秉丘時（疏）注戰
者秉丘時○解云即上十年公敗宋師于秉丘是也獲乎莊公莊公歸散舍
諸宮中散放也舍止也獲不書者士也（疏）注獲不書者士也○解云公羊之例大夫見經故也
數月然後歸之歸反為大夫於宋與閔公博
傳本道此者極其禍生於博戲相慢易也○數所主反公博如字戲名也字書作簙易以豉反（疏）歸反至於宋○
解云歸而反國乃為大夫於宋矣婦人皆在側萬曰甚矣魯侯之

[illegible]會[illegible]其大夫[illegible]

[illegible]○夏四月○秋八月甲子[illegible]

淑善淑魯侯之美也美好天下諸侯宜爲君者唯
魯侯爾萬見婦人皆在側故訐閔公以此言言閔公不如魯侯美好。訐九列反九謁反一音九刈反又一
本作揭其列去列二反閔公矜此婦人色自美大於此婦人妒其言顧
曰此虜也顧謂側婦人曰此萬也虜執虜也。妬丁故反爾虜焉故爾女也謂
萬也更向萬曰女嘗執虜於魯侯故稱譽爾。爾女音汝下同稱譽音餘又音預魯侯之美惡
乎至惡乎至猶何所至。惡音烏注同萬怒搏閔公絶其脰脰頸也齊
人語。搏音博脰音豆涇也仇牧聞君弑趨而至遇之于門
手劍而叱之手劍持拔劍叱罵之。叱昌實反萬臂摋仇牧碎
其首側手曰摋首頭。萬臂必賜反本又作辟辟亦反摋素葛反又素結反側手擊也齒著乎
門闔闔扇。著直略反門闔户臘反門扇也仇牧可謂不畏彊禦矣
猶乳犬攫虎伏雞搏狸精誠之至也爭搏弑君而以當國言
之者重録彊禦之賊禍不可測明當防其重者急誅之。乳
如住反攫俱縛反又九碧反一本（疏）注猶乳至之至也。
作玃又音付伏扶又反狸力之反解云言仇牧知力不
敵而有討心亦有精誠之至也似若産乳之犬不憚猛虎伏
雞愛子投命敵狸之類故比之。注爭搏弑至急誅之。解
云當國者即言宋萬是也故隱四年衛州吁
弑其君完傳云曷爲以國氏當國也者是也○冬十月宋
萬出奔陳萬弑君所以復見者重録彊禦之賊明當急誅之也月者使與大國君奔同例明彊禦也
○見賢徧反（疏）注萬弑君至誅之也。解云欲道春秋上下皆
是弑君之賊皆不重見即宋督鄭歸生齊崔杼
之屬是也而宋萬趙盾之屬復見者當文皆有注更不勞重
說。注月者至彊禦也。解云春秋之例云大国君奔皆悉書
月即桓十六年十有一月衛侯朔出奔齊之屬是也今此大
夫而書月者明彊禦之甚故也若然昭二十年冬十月宋華
亥向甯華定出奔陳亦是大夫而書月彼注云月者危三大
夫同時出奔將爲國家患明當防之是也而范氏此處注云
宋又不討賊致令得奔故
謹而月之也者與何氏別

十有三年春齊侯宋人陳人蔡人邾婁人會于北杏齊桓行霸約束諸侯尊天子故爲此會也桓公時未爲諸侯所信鄉故使微者會也桓公不辭微者欲以卑下諸侯遂成霸功也○鄉許亮反下遐嫁反【疏】注桓公時至會也○解云言未爲諸侯所信任而歸鄉之是以諸侯皆使微者會即宋人陳人之屬是也○

夏六月齊人滅遂不會北杏故也不諱者桓公行霸不任文德而尚武力又功未足以除惡【疏】注不諱者至武力○解云春秋爲賢者諱而不諱者正以不任文德而尚武力故也其武力者即此滅遂是也繁露云論功則桓況文弟論德則文況桓弟是也而論語云齊桓公九合諸侯不以兵車之力謂自此以後○注又功未足以除慝○解云春秋褒貶皆以功過相除計桓公之立雖有北杏之會前有篡逆滅譚之非論其功不足而惡有餘故不爲諱也而言未若欲道其九合之後功足以除惡也○

秋七月○冬公會齊侯盟于柯何以不日據唐之盟日○柯音歌【疏】注據唐之盟日○解云即隱二年秋八月庚辰公及戎盟于唐是也易也易猶佼易也相親信無後患之辭○易也以豉反注及下同佼古卯反

其易奈何桓之盟不日其會不致信之也其不日何以始乎此莊公將會乎桓曹子進曰君之意何如進前也曹子見莊公時會有懟色故問之【疏】桓之至信之也○解云謂桓公諸會皆如是也以不日爲信者公羊之例不信者日故也以不致爲信者凡致者臣子喜其君父脫危而至其會無危故以不致爲信也○注曹子至懟色○解云注者之意也

莊公曰寡人之生則不若死矣自傷與齊爲讎不能復也伐齊納糾不能納反復爲齊所脅而殺之○能復扶又反下同【疏】注自傷至復也○解云桓十八年公薨于齊莊九年及齊師戰于乾時我師敗績是也○注伐齊納糾不能納○解云即上九年夏公伐齊納糾傳曰伐而言納者猶不能納也是也○注反復至殺之○解云即上九年齊人取子糾殺之是也曹子曰然則君請當其君臣請當其臣當猶敵也刑劫之辭莊公曰諾於是會

乎桓莊公升壇土基三尺土階三等曰壇會必有壇者爲升降揖讓稱先君以相接所以長其敬○壇大丹反以長丁丈反

疏注土基至曰壇○解云時王之禮也必爲三等者正以公爲上等侯爲次等伯子男爲下等故也○注稱先君以揖接○解云即四年傳云古者諸侯必有會聚之事相朝聘之道號辭必稱先君以相接是也

曹子手劍而從之從隨也隨莊公上壇造桓公前而脅之曹子本謀當其臣更當其君者見莊有不能之色○上時掌反造七報反下同

疏注曹子至見莊有不能之色○解云亦注者之意也

管子進曰君何求乎管子管仲也君謂莊公也桓公卒愕不能應故管子進爲此言○卒七忽反愕五各反應應對之應爲此言于僞反下爲殺同

疏注桓公至此言○解云正以切桓公而管子對故也

曹子曰莊公亦造次不知所言故代曹子對

疏注莊公至曹子○解云正以問莊公而曹子對故言此

城壞壓竟齊數侵魯取邑以喻侵深也○壓於甲反又於輒反數所角反

疏城壞壓竟○解云謂齊比來攻魯城令至壞敗抑壓魯竟以喻己物也

君不圖與君謂齊桓公圖計也猶曰君不當計侵魯太甚○與音餘

管子曰然則君將何求所侵邑非一數求何者

疏管子曰至何求○解云意欲少還而已

曹子曰願請汶陽之田欲復魯竟

疏曹子曰至之田○解云舉其大略言之欲盡取之故注云欲復魯竟矣

管子顧曰君許諾諸侯死國不死邑故可許諾

疏注諸侯至許諾○解云即曲禮下篇云國君去其國止之曰若之何去社稷矣是無去國之文不言若之何去田邑故知不死邑也

桓公曰諾

曹子請盟桓公下與之盟下壇與曹子定約盟誓莊公也以下壇者爲殺牲不絜又盟本非禮故不于壇上也

疏注下壇至莊公也○解云猶言定約束其盟誓莊公也○注以下至不絜○解云不字亦作清字者○注又盟本非禮○解云即桓三年傳云古者不盟結言而退是也

已盟曹子摽劍而去之摽辟也時曹子端劍守桓公已盟乃摽劍置地與桓公相去齊故云爾○摽劍普交反辟也辟劍置地劉兆云辟捐也辟婢亦反下同去離力智反

疏注時曹子端至故云爾○解云端猶始也

言曹子從始持劒而守桓公矣及其盟訖乃摽劒而置于地乃與桓公相去離者釋傳云而去之文 要盟可犯 臣約其君曰要彊見要脅而盟爾故云可犯○要一遥反 而桓公不欺曹子可讎 以臣劫君罪可讎 而桓公不怨桓公之信著乎天下自柯之盟始焉 諸侯猶是叅翔然信鄉服從再會于鄄同盟于幽遂成霸功故云爾劫桓公取汶陽田不書者諱行詐劫人也〔疏〕注再會于鄄○解云即下十四年冬及十五年春比會于鄄是也○注同盟于幽○解云即下十六年冬同盟于幽是也○注劫桓至劫人也○解云正以成○年書取汶陽之田故也

十有四年春齊人陳人曹人伐宋○夏單伯會伐宋其言會伐宋何 據伐國不殊會曹伯襄言會諸侯〔疏〕注據伐國不殊○解云與上諸侯俱是伐宋事不殊異何勞別生會文乎故難之○注曹伯至諸侯○解云即僖二十八年冬曹伯襄復歸于曹遂會諸侯圍許是也 後會也 本期而後故但以會書者剌其不信因以分別功惡有深淺也從義兵而後者功薄從不義兵而後者惡淺○別彼列反〔疏〕注本期至舉會○解云若其不後宜言單伯會齊人陳人曹人伐宋如下文單伯會齊侯宋公衛侯鄭伯于鄄之文○注從義兵至功薄○解云即此是○注從不義至惡淺○解云無經可據但言理當然也○秋七月荊入蔡○冬單伯會齊侯宋公衛侯鄭伯于鄄○鄄本亦作甄規面反

十有五年春齊侯宋公陳侯衛侯鄭伯會于鄄○夏夫人姜氏如齊○秋宋人齊人邾婁人伐兒 ○兒音郳〔疏〕夫人姜氏如齊○解云復與相邇也○秋宋人至伐兒○解云范氏云宋主兵故亭齊上也班亭上下以國大小爲次征伐則以主兵爲先春秋之常也○鄭人侵宋○冬十月

十有六年春王正月○夏宋人齊人衛人伐

鄭。秋荆伐鄭。冬十有二月公會齊侯宋公陳侯衛侯鄭伯許男曹伯滑伯滕子同盟于幽同盟者何同欲也同心欲盟也同心爲善善必成同心爲惡惡必成故重而言同心也。滑于八反疏同盟者何。解云欲言同善不見襃賞之文欲言同惡復無刺譏之處故執不知問

。郳婁子克卒小國未嘗卒而卒者爲慕霸者有尊天子之心行進也不日始與霸者未如瑣瑣卒在二十八年。爲慕于僞反如瑣息果反疏注小國至進也。解云正以所傳云之世未錄小國卒葬故也。注不日者至二十八年。解云即二十八年經云夏四月丁未郳婁子瑣卒注云日者附從霸者朝天子行進是也然則此亦行進而不日者但始與霸者有尊天子之心未朝天子故也其始與霸者之事即上十三年春齊侯宋人陳人郳婁人會于北杏是也

十有七年春齊人執鄭瞻鄭瞻者何鄭之微者也以無氏也疏鄭瞻者何。解云欲言尊卿名氏不具欲言微者書名見經故執不知問此鄭之微者何言乎齊人執之据獲宋萬不書者不坐獲微者今書齊稱人坐執文。鄭瞻二傳作詹疏注据獲至執文。解云上十二年傳云萬嘗與莊公戰獲乎莊公注云獲不書者士也然則以獲微者不罪坐故不書今書齊稱人作坐執之文故難之書甚佞也爲甚佞故書惡之所以輕坐執人也然不得爲伯討者事未得行罪未成也孔子曰放鄭聲遠佞人罪未成者伯當遠之而已。爲其于僞反惡之烏路反下惡之皆同遠佞于萬反下同疏注不得爲至未成也。解云僖四年傳云執者曷爲或稱侯或稱人稱侯而執者伯討也稱人而執者非伯討也今稱人而執故云不得爲伯討矣。注孔子曰至佞人。解云論語文案樂記魏文侯問子夏曰敢問溺音何從出也子夏對曰鄭音好濫淫志宋音燕女溺志衛音趨數煩志齊音敖辟喬志此四者皆淫於色而害於德是以祭祀弗用也然則四國皆有淫聲蓋遂甚者言之故許氏云鄭詩二十一篇說婦人者十九此之謂也或何氏云鄭聲淫與服君同皆謂鄭重其手而音淫過非鄭國之鄭也。夏齊人

殲于遂殲者何殲積也衆殺戍者也殲者死文殲之
爲死積死非一之辭故曰殲積衆多也以兵守之曰戍齊人
滅遂遂民不安欲去齊强戍之遂人共以藥投其所飲食水
中多殺之古者有分土無分民齊戍之非也遂不當坐也故
使齊爲自積死文也衆人者衆辭也不書戍將帥者封內之
兵故不書○殲子廉反二傳作殲積本又
作漬强其丈反將子匠反下所類反 疏 殲者何○解
云正以異於
常例故執不知問○注殲者至殺多也○解云即曲禮下篇
云羽鳥曰降四足曰漬鄭注云異於人也降落也漬謂相瀸
汙而死是也○注齊人滅遂○解云在上十三年。
古者有分土無分民○解云說在桓元年注文也 ○秋鄭
瞻自齊逃來何以書書甚佞也曰佞人來矣
佞人來矣重言來者道經主書者君傳云爾蓋痛魯知而
受之信其討築以取齊淫女用遂刻桷卒爲後
敗也加逃者抑之也所以抑之者上以就衆人兼惡未明繫鄭
者明行當本於鄉里也子貢問曰鄉人皆好之何如子曰未
可鄉人皆惡之何如子曰未可不若鄉人之善者
善之鄉人之惡者惡之○重直用反明行下孟反 疏 注重言至

云爾○解云經所以主書此事者正惡佞人之來恐其作禍
矣○注蓋痛至受之○解云春秋痛傷魯人知其佞人
惡而受之○注信其討至淫女○解云即下二十四年夏公
如齊逆女秋夫人姜氏入是也知取齊淫女是鄭瞻之計者
春秋說文云○注用遂刻桷○即下二十三年秋丹桓宮楹
二十四年春刻桓宮桷是也○注卒爲後敗也○解云即淫二
叔殺二嗣子是也○注加逃者抑之也○解云謂逃是辟事
不應見經而見逃于經者抑之故也或者討哀變封之屬皆
言奔今此加逃故決之○注上以就至未明○解云謂衆人爲
坐執文非伯討之義故也○注子貢至惡之○解云一鄉之
人皆好此人此人何如子曰未可即以爲善何者此人或者
行與衆同或朋黨矣子貢又曰一鄉之人皆惡此人此人
何如子曰未可即以爲惡也何者此人或者行與衆異或孤
特矣不若鄉人之善行者善之惡行者惡之與善人同復與
惡人異道理勝于前故知是
實善云云之說備于鄭注
冬多麋何以書記異也
麋之爲言猶迷也象魯爲鄭瞻所迷惑
也言多者以多爲異也○麋亡悲反 疏 注象魯至惑也○解
云感精符文○注言
多至異也○解云魯
舊有麋但今乃多耳○

春秋公羊註疏卷第七

監本春秋公羊註疏莊公卷第八 起十八年盡二十七年

何休學

十有八年春王三月日有食之是後戎犯中国魯蔽鄭瞻夫人如莒淫泆不制所致【疏】注是後戎犯中国○解云即下文夏公追戎于濟西是也○注魯蔽鄭瞻○解云下文秋有蜮是○注夫人至所致○解云即下十九年秋夫人姜氏如莒之屬是也是陰勝陽之象是以日爲之食○夏公追戎于濟西以兵逐之曰追○濟子礼反此未有言伐者其言追何据公追齊師至酅舉齊侵也【疏】注据公至侵也○解云即僖二十六年齊人侵我西鄙公追齊師至嶲弗及是也大其爲中國追也以其不限所至知爲中国追也○爲中于僞反注及下皆同【疏】注以其至追也○解云公追齊師至嶲限其所至乃是自爲已追故知如此此未有伐中國者則其言爲中國追何大其未至而豫禦之也其言于濟西何据公追齊師至酅弗及不言于也大之也大公除害恩及濟西也言大者當有功賞也追例特【疏】注言大者至賞也○解云公追齊師至嶲弗及不言于今言于者謂公有大功於王法當賞矣○注追例時○解云即此文是而僖二十六年公追齊師雖在正月已未下不蒙日月○秋有蜮何以書記異也蜮之猶言惑也其毒害傷人形體不可見象魯爲鄭瞻所惑其毒害傷人將以大亂而不能見也言有者以有爲異也○蜮音或短狐也或謂之射工音食【疏】注蜮之猶言惑也○解云即五行志云蜮猶惑也者是○注其毒害傷人○解云即五行志云能射人甚者至死是也○注形體不可見○解云即草木志云在水中射人影即死是也○注言有者以有爲異也○解云謂魯先無蜮今乃有之案昭二十五年經書有鸜鵒來巢今此不書來者亂氣所生不從外來故也○冬十月

十有九年春王正月○夏四月○秋公子結媵陳人之婦于鄄遂及齊侯宋公盟媵者何

諸侯娶一國則二國往媵之以姪娣從言往媵之者礼
君不求媵二国自往媵夫人所以一夫人之尊○媵陳以證反又繩證反娣從才用反下注同疏媵者何解云媵
是碎事例不見經今而書之故執不知問姪者何兄之子也娣者何弟
也諸侯壹聘九女諸侯不再娶必以姪娣從之者欲使一人有子二
人喜也所以防嫉妬令重繼嗣也因以備尊尊親親也九者極陽數也不再娶者所以節人情開媵路○嫉音疾又音自
疏姪者何○解云昭穆異等而與嫡俱行故執不知問○娣者何○解云與姪同倫而在姪下故執不知問○諸
侯至再娶○解云傳言此者解所以有媵之意言諸侯娶女非一者正由不得再娶故也○注必以至人喜也○解云即
穀梁傳云一人有子三人緩帶范氏云欲其享其祿是也○注所以防嫉妬○解云謂三人不相疾也○注令重繼嗣也
解云謂三人不相疾共保其子○注因以備至親也○解云謂備姪所以尊尊備娣所以親親其上尊下親皆指嫡也○
注九者極陽數也○解云謂對一三五七以為極矣也○注開媵路○解云謂亦有為媵之望也媵不書

此何以書据伯姬歸于紀不書媵也疏注据伯姬歸于紀者解云在隱二年冬為其
有遂事書為下有遂事善也故書所以不當書以起將有所詳録猶伯姬書媵也不媵則當取得書
者張本文言公子結如陳遂及齊侯宋公盟于鄄○為其于偽反注及下注同疏注為下有遂事善也○解云即
遂及齊侯宋公盟是也○注故書所至不當書○解云謂書媵是也○注以起將有所詳録○解云正欲見盟事之善合
詳而録之○注猶伯姬書媵也○解云即成八年衛人來媵傳曰媵不書此何以書録伯姬也九年晉人來媵傳曰媵不
書此何以書録伯姬也十年齊人來媵傳云媵不書此何以書録伯姬也三国來媵非礼也曷為皆以録伯姬之辞言之
婦人以衆多為侈也者是也○注言公至盟于鄄○解云是其得書之文也大夫無遂事此
其言遂何聘禮大夫受命不受辭以外事不素制不豫設故
云爾出竟有可以安社稷利國家者則專之可
也先是鄄幽之會公比不至公子結出竟遭齊宋欲深謀伐魯故專矯君命而與之盟除国家之難全百姓之命

故善而詳錄之先書地後書盟者明出竟乃得專之也盟不
地者方使上爲出竟地即更出地嫌上地自爲媵出地也陳
𦕅人者爲內諱故略以外國辭言之此陳侯夫人言婦者在
塗也加之者礼未成也冬齊人宋人陳人伐我西鄙而盟不
日者起國家後背結之約非結不信疏注先是至不至○
也○媵居表反難乃旦反背音佩解云即上十五年
春齊侯宋公陳侯衛侯鄭伯會于鄄十六年冬會齊侯宋公
以下同盟于幽是也正以彼二經皆不言公會故知魯侯不
至矣○注欲深謀伐魯○解云正以善而詳錄之故知欲伐
矣○注先書地○解云謂書鄄是也○注明出竟乃得專之
也○解云正以鄄爲衛地故也○注此陳至在塗也○解云
即隱二年傳云在塗稱婦是○注加之者礼未成也○解云
正以此婦未成爲夫人故加之絕之若其已配礼宜言媵陳
夫人不假言之以絕也○注冬齊至西鄙○解云即下經也
○注而盟不至不信也○解云以公羊之例不信者書日故如此解　○夫人姜氏如莒
○冬齊人宋人陳人伐我西鄙　鄙者邊垂之辭榮見遠也
二十年春王二月夫人姜氏如莒　月者再出也不從四年已

月者疏注月者再出也○○解云欲對上十九年秋夫人姜
異國氏如莒之文也○○注不從至異國○解云即上四
年經云春王二月夫人姜氏饗齊侯于祝丘彼注云月者再
出重也三出不月者省文從可知例然則此經不從四年之
例而後出月者正爲齊莒異國不得相因故也　○夏齊大災大災者何大
瘠也　瘠病也齊人語也以加大知非火災也○大瘠在亦反病也本或作瘠才細反一本作瀆才賜反鄭注曲
礼引此同疏大災者何○解云欲言大疾而經書災故執不知問○注以加大知非火災也○解云正以襄三
十年宋災昭九年陳火之屬皆不言大故也案襄九年傳云
大者曰災小者曰火注云大者謂正寢社稷宗廟朝廷也下
此則小矣然彼是兩火自謂故以災火別之此則非火故更言大耳　大瘠者何痢也　痢者民疾疫也○痢力二反疾疫也疫音役　何以書記災也外災不書此何
以書及我也　與宋大水同義痢者邪亂之氣所生是時魯任鄭瞻夫人如莒淫泆齊侯亦淫諸姑
姊妹不嫁者七人○邪似嗟反疏注與宋大水同義○解云即上十一年宋大水傳云何以書記災也外災不書

此何以書及我也注云時魯亦有水災書魯則宋災不見可辛則煩文不省故譏倒書外以見內也是也○注齊侯至七人○解云晏子春秋文案彼齊景公問於晏子曰吾先君桓公淫女公子不嫁者九人而得爲賢君何文此解言七人者彼此其有誤矣然則齊襄公霸諸侯唯淫妹而已齊人猶作南山崔崔以刺之桓公小白相淫九人而齊人不刺之者蓋以功多足以除惡故也或者遇爾不作或采之不得寧可問乎

○秋七月○冬齊人伐戎

二十有一年春王正月○夏五月辛酉鄭伯突卒○鄭伯突徒沒反厲公也○秋七月戊戌夫人姜氏薨

○冬十有二月葬鄭厲公春秋篡明者書葬 疏 注春秋至書葬○解云言春秋者欲見通例如此矣篡明者謂有立入之文即隱四年冬衞人立晉桓十三年春葬衞宣公上九年夏齊小白入于齊僖十八年秋葬齊桓公之屬是也今此鄭突入于鄭桓十五年秋亦有入櫟之文即是篡明書其葬耳若篡不明者則去其葬以見其篡不合爲諸侯是以僖十年里克弒卓子之時惠公無入文至僖二十四年晉侯夷吾卒下不書葬晉惠公矣若有立入之文者不嫌非篡何勞去葬以見篡若然案文公重耳亦無篡文而僖三十年經書葬晉文公者正以文公功蓋天下春秋爲賢者諱故書其葬若其不篡然也若然齊侯小白是賢者而書其入又録其葬見其篡明不爲之諱者僖十年傳云桓公之享国也長美見乎天下故不爲之諱本惡也文公之享国也短美未見乎天下故爲之諱本惡也是也

二十有二年春王正月肆大省肆者何跌也跌過度○肆音四本或作佚大省所景反除自省皆同二傳作眚跌大結反過度也 疏 肆大省○解云肆讀如自放肆也省讀如減省之省也○肆者何大省者何○解云皆以異於常例故執不知問

大省者何災省也謂子卯日也夏以卯日亡殷以子日亡先王常以此日省吉事不忍卒又大自省勑得無獨有此行乎常若聞災自省故曰災省也○行下孟反 疏 注先王至忍卒○解云此先王謂夏殷之後成礼者以是夏殷亡日故省吉事而已不忍卒而行之○注又大至此行乎○解云又此若似見不賢而內自省之義矣○注常若至災省也

者釋傳云災省之文也言聞有災輙自省察若爲行而致之乎

肆大省何以書譏何譏爾譏始忌省也 時魯有夫人喪忌省日不哭省日本以忌吉事不以忌凶事故礼哭不辟子卯日所以尊孝子之思也不與念母而譏忌省者本不事母則已不當忌省猶爲商人責不討賊○思息嗣反繇于僞反

【疏】肆大省何以書○解云不但言何以書者恐人以爲但問大省云大自省勑何以書故復舉向而問之○注故礼至卯日○解云案士喪礼既殯之後云朝夕哭不辟子卯是也引之者證不以忌凶事也○注不與至忌省○解云不與念母者即上元年三月夫人孫于齊傳曰夫人固在齊矣其言孫于齊何念母也念母者所善也則曷爲於其念母焉貶不與念母也彼注云念母則忘父背本之道也是也○注猶爲至討賊○解云文十四年九月齊公子商人弒其君舍然則商人者是篡弒之賊也齊之臣子理宜討之而反臣事失其所也及文十八年夏齊人弒其君商人而不書其葬者以責臣子不討賊也似文姜罪實宜絕之公既不絕宜盡子道而反忌省故得責之

○癸丑葬我小君文姜文姜者何莊公之母也 輙發傳者起況母錄子恩凡母在子年無適庶皆繫子也不在子年適母繫夫庶母繫子言小君者比於君爲小俱臣子辭也文者謚也夫人以姓配謚欲使終不忘本也○適丁歷反下同

【疏】葬我小君文姜○解云穀梁傳曰小君非君其曰君何也以其爲公配可以言小君也者是○文姜者何○解云欲言莊母謚異其父欲言非母備礼葬之故執不知問○注輙發至子恩○解云隱元年傳云仲子者何桓之母也今假令不發亦是桓之夫人莊公之母可知而云文姜者何莊公之母故言輙矣今此經云葬我小君文姜傳云文姜者何莊公之母也者正欲録子之恩故備礼而葬之○注凡母至繫子也解云即此傳云文姜者何莊公之母是適母繫子也宣八年傳云頃熊者何宣公之母也襄四年傳云定弋者何襄公之母也皆是庶母繫子也而僖二年傳云哀姜者何莊公之夫人也在子年而繫夫者蓋以僖公非所生爲其非子故也○注不在至繫夫○解云即僖二年哀姜是也○注庶母繫子也○解云即文五年傳云成風者何僖公之母也是也定十五年秋姒氏卒傳曰姒氏者何哀公之母也者亦是庶母不在子年而繫于子然則鄉來所言傳皆葬乃言某公之母而姒氏特于卒上發傳者正以姒氏之葬直云葬定姒不得稱小君是以傳家於此特明之矣定姒所以葬不得稱小君

公羊之義母以子貴哀公爾時未得爲君是以定然未得○全同夫人矣○注欲使終不忘本也○解云本即姓是也

陳人殺其公子禦寇書者殺君之子重也〔疏〕注書者殺君之子重也○解云正以不言大夫而得書殺則知由其是君之子故也○夏五月以五月首時者譏莊公取仇国女不可以事先祖奉四時祭祀猶五月不宜以首時○秋七月丙申及齊高傒盟于防防魯地○傒音兮齊高傒者何貴大夫也曷爲就吾微者而盟据暨與公盟也〔疏〕齊高傒者何○解云欲言其貴魯侯恥之欲言微者名氏見經故執不知問○注据暨與公盟也○解云即上九年春公及齊大夫盟于暨是也公也以其日微者不得日大夫盟當書名氏〔疏〕注以其日至得日○解云即隱元年九月及宋人盟于宿傳曰孰及之內之微者也彼注云宋稱人者亦微者也微者盟例時不能專正故責略之此月者隱公賢君雖使微者有可采取故錄也是其微者不得日矣其微者盟例時者即僖十九年冬會陳人蔡人楚人鄭人盟于齊之屬是也○注大夫至名氏○解云即成元

年臧孫許及晉侯盟于赤棘之屬是也公則曷爲不言公諱與大夫盟也○冬公如齊納幣納幣即納徵納徵禮曰主人受幣士受儷皮是也禮言納徵春秋言納幣者春秋質也凡婚礼皆用鴈取其知時候唯納徵用玄纁束帛儷皮玄纁取其順天地也儷皮者鹿皮所以重古也○纁許云反儷力計反本又作麗〔疏〕注納徵至天地也○解云即隱元年注云束帛謂玄三纁二玄三法天纁二法地是也何者玄纁者是天地之色故也○注儷皮者鹿皮所以重古也○解云正以古者食肉衣皮服捕禽獸故也儷者兩也兩皮者二儀之數納幣不書此何以書据桓三年公子翬如齊逆女不書納幣譏何譏爾親納幣非禮也時莊公實以淫泆大惡不可言故因其有事於納幣以無廉恥爲譏不譏喪娶者舉淫爲重也凡公之齊所以起淫者皆以危致也〔疏〕注凡公至致也○解云即下二十三年春公至自齊夏公如齊觀社公至自齊二十四年夏公如齊逆女秋公至自齊之屬是也凡書至者臣子喜其君父脫危而至故也

二十有三年春公至自齊桓之盟不日其會
不致信之也據柯之盟不日柯之會不致疏注據柯至不致○解云即上十三年冬公
會齊侯于柯不書日不致是也此之桓國何以致危之也何危
爾公一陳佗也公如齊淫與陳佗相似如一也○佗大何反疏注公如至如一也
解云即桓六年蔡人殺陳佗傳云陳佗者何陳君也陳君則
曷爲謂之陳佗絕也曷爲絕之賤也其賤奈何外淫也惡乎
淫淫于蔡蔡人殺之是也○祭叔來聘不稱使者公一陳佗故絕使若我無君以起其當絕因不
與天子下聘小人○祭側界反疏注不稱使至小人○解云如此注者正欲決隱七年天王使凡伯來聘九年天
王使南季來聘等是王使而皆稱使今此獨不稱使故決之
何氏知不稱使是我無君之文者正見閔二年高子來盟傳
云何以不言使我無君也若然案桓四年夏天王使宰渠
伯糾來聘桓五年夏天王使仍叔之子來聘桓八年春天王
使家父來聘然則桓公篡逆經猶稱使而不絕之莊公時違
絕之者桓四年伯糾之下何氏云下去二時者桓公無王而

行天子不能誅反下聘之故爲貶見其罪明不宜也然則桓
公惡甚故去二時以明不宜莊公罪輕故不言使以見絕因
不與天子下聘小人而已春秋見義非唯一種未可然怖也○夏公如齊觀社何
以書譏何譏爾諸侯越竟觀社非禮也觀社者觀
祭社諱淫言觀社者與親納幣同義社者土地之主祭者報
德也生萬物居人民德至厚功至大故感春秋而祭之天子
用三牲諸侯用羊豕疏注諱淫至同義○解云謂齊以淫泆大惡不可言因其有事于觀社故以觀社譏耳○注
天子至羊豕者解云時王之禮公至自齊○荊人來聘荊何以
稱人據上稱州疏注據上稱州○解云即上十六年秋荊伐鄭之屬是也始能聘也
春秋王魯因其始來聘明夷狄能慕王化脩聘禮受正朔者
當進之故使稱人也稱人當繫國而繫荊者許夷狄者不一
而足疏注稱人至而足○解云正以十年傳云州不若國進稱人宜繫國矣文九年楚子使椒來聘傳云椒者
何大夫也楚無大夫此何以書始有大夫也始有大夫則
何以不氏許夷狄者不一而足也又襄二十九年傳云札者

何異季子之名春秋賢者不名此何以名許夷狄者不壹而足也是以此注引之耳○公及齊侯

遇于穀○蕭叔朝公○其言朝公何據公在內不言朝公在外言會

疏 注據公至朝公○解云即隱十一年春滕侯薛侯來朝之屬是也○注在外言會○解云定十四年邾婁子來會公及公會齊侯之屬皆是也

公在外也時公受朝於外故言朝公惡公不受於廟○惡公烏路反下同

疏 注時公至於廟○解云隱七年注云不言聘公者禮聘受之於大廟孝子謙不敢以己當之歸美於先君且重賓也隱十一年注云不言朝公者禮朝受之於大廟與聘同義今此言公故如此解○

秋丹桓宮楹何以書譏何譏爾丹桓宮楹非禮也楹柱也丹之者爲將娶齊女欲以誇大示之傳言丹桓宮者欲道天子諸侯各有制也禮天子斲而礱之加密石焉諸侯斲而礱之不加密石大夫斲之士首本失禮宗廟例時○宮楹音盈柱也下傳及注同爲將于僞反斲丁角反下同礱力工反

疏 注禮天子至首本○解云皆外傳晉語張老謂趙文子椽之制穀梁傳曰天子之桷斲之礱之加密石焉諸侯之桷斲之

大五十 小七百六十八

礱之大夫斲之士斲本今此何氏於丹楹之下揔言之矣斲本者正謂全以斲本而行斲之○注失禮宗廟例時○解云正謂此文是也下經二十四年三月刻桓宮桷而書月者以其功重故也此謂失禮僭差之例也若其祭祀失禮者則書日是以隱五年初獻六羽之下何氏云失禮鬼神例日是也若始造宗廟而失禮者亦書月即成六年春王二月辛巳立武宮是也而定元年九月立煬宮亦爲非禮而不書日者所見之世其恩尤厚故不爲書日諱其失禮然○

冬十有一月曹伯射姑卒曹達春秋常以月葬時也始卒日葬月嫌與大國同後卒而不日入所聞世可日不復日○射姑音亦復扶又反

疏 注曹達至時也○解云即文九年秋八月曹伯襄卒冬葬曹共公昭十八年春王三月曹伯須卒秋葬曹平公之屬是也其有卒葬在日月下者不蒙日月矣其文各自有解○注始卒日葬月○解云即桓十年春王正月庚申曹伯終生卒夏五月葬曹桓公是也所以然者敬老重恩故也○注後卒而不日○解云正以對桓十年曹伯終生卒以爲後矣○注入所聞世可日不復日○解云即文九年秋八月曹伯襄卒是案曹爲小國入所聞之世正合卒月而言可日者正以傳聞之世已得錄之故所聞之世可以書日但以嫌同大國

故不日矣○十有二月甲寅公會齊侯盟于扈桓之盟不日此何以日危之也何危爾我貳也莊公有淫泆汚貳之行○扈音户有汙汙辱之汙一音烏臥反後放此行下孟反疏注汚貳之行○解云謂莊公之行既不清絜又不專一故謂之汚矣曾子曰我貳者非彼然我然也嫌上說以齊惡我貳相疑而盟故日也解言非齊惡我也我行汚貳動作有危故日之也

二十有四年春王三月刻桓宮桷何以書譏何譏爾刻桓宮桷非禮也與丹楹同義月者功重於丹楹○桷音角椽也疏注與丹楹同義○解云即上注云丹之者爲將娶齊女欲以誇大示之是也○注月者功重於丹楹○解云正以失禮宗廟例時故如此注○葬曹莊公○夏公如齊逆女何以書親迎禮也譏淫故使若以得禮書也禮諸侯既娶三月然後夫人見宗廟見宗廟然後成婦禮○迎魚命反見宗賢徧反下傳文見也見用幣及注同疏葬曹莊公○解云雖在月下不蒙上月也○何以書親迎禮也○解云魯侯如齊本實淫通非爲親迎而往但春秋之意以其大惡不可言之要以言其逆女使若得禮善而書日矣是以注云諱淫故使若以得禮書也○注禮諸侯至婦禮○解云注言此者欲道莊公夫人未至于国而行婦事既非正禮明矣○秋公至自齊八月丁丑夫人姜氏入其言入何據夫人姜氏言至不言入疏注據夫人至言入○解云即桓三年九月夫人姜氏至自齊是難也其言日何據夫人姜氏至不日○難也乃旦反下及注同難也其難奈何夫人不僂不可使入與公有所約然後入僂疾也齊人語約約遠媵妾也夫人稽留不肯疾順公不可使即入公至後與公約定八月丁丑乃入故爲難辭也夫人要公不爲大惡者妻事夫有四義雞鳴縰笄而朝君臣之禮也三年惻隱父子之恩也圖安危可否兄弟之義也樞機之内寢席之上朋友之道不可純以君臣之義責之○不僂力主反疾也注同遠于萬反要

一避反纔并所買反又【疏】注夫人要公至責之○解云所
所紵反惻隱初力反以所傳聞之世内之大惡皆諱
不書今而書之故知然也戊寅大夫宗婦覿用幣宗婦者何
大夫之妻也覿者何見也用者何用者不宜
用也不宜用幣爲贄也○覿大歷反見也贄音至【疏】宗婦者何○解云欲言大夫之妻文不言及欲
言非妻相與俱見故執不知問○覿者何○解云欲言是礼男女無別欲言非礼而在用上故執不知問○用者何○解
云初至之覿禮則有之而經書用乃是不宜之禮故執不知問見用幣非禮也以文在覿下不
使齎見知非禮也【疏】見用幣非礼也○解云言其見夫人之法卿大夫宜用羔爲宗婦宜用棗栗腶脩而皆用
幣是爲非禮也○注以至非禮也○解云若其見禮宜言大夫宗婦用幣覿也然則曷用棗栗
云乎腶脩云乎腶脩者脯也礼婦人見舅姑以棗栗爲贄見女姑以腶脩爲贄見夫人至尊兼
而用之云乎辭也棗栗取其早自謹敬腶脩取其斷斷自脩正執此者君其辭云爾所以敘情配志也凡贄天子用鬯諸

侯用玉卿用羔大夫用鴈士用雉雉取其耿介鴈取其在人上有先後行列羔取其執之不鳴殺之不號乳必跪而受之
類死義知礼者也玉取其至清而不自蔽其惡絜白而不受汚內堅剛而外漏潤有似乎備德之君子鬯取其芬芳在上
臭達於天而醇粹無擇有似乎聖人故說其所就而知其所任矣日者礼夫人至大夫皆郊迎明日大夫宗婦皆見故著
其明日也大夫妻言宗婦者大夫爲宗子者也族所以有宗者爲調族理親疏令昭穆親疏各得其序也故始統世世繼
重者爲大宗旁統者爲小宗小宗無子則絕大宗無子則不絕重本也天子諸侯世以三牲養禮有代宗之義大夫不世
不得專宗者言宗婦者重教化自本始也○斷脩丁亂反注同本又作腶音同鍜脯加薑桂曰脩耿介古幸反下音界行
戶郎反號戶刀反跪其委反醇音純粹雖遂反爲調于僞反下仕爲同令力呈反昭穆上遙反凡昭穆之例皆同【疏】
注腶脩者脯也○解云正以穀梁傳云束脩之肉不行竟內以肉言之故知脩爲脯矣又下曲禮婦人之贄脯脩棗栗謂
之脯脩其義益顯○注礼婦人至志也○解云時王之礼且以其文先言棗栗故也○注凡贄至用雉○解云皆下曲礼
文彼言諸侯用圭此言玉者蓋所見異也○注大夫不世不得專宗○解云欲道大夫之妻所以謂之婦人之義○注重

教化自本始也○解云正以宗子者宗族之本故也○大水夫人不制遂淫二叔陰氣盛故明年復水也○
復扶又反【疏】注夫人至二叔○解云即下二十七年傳云公子慶父公子牙通乎夫人以脅公是也○注明年復
水也○解云即二十五年秋大水云云是也○冬戎侵曹曹羈出奔陳
曹羈者何曹大夫也以小国知無氏爲大夫○曹羈居宜反下同【疏】曹羈
者何○解云欲言曹君經不稱伯欲言大夫單名無氏故執不知問○注以小至大夫○解云即襄二十三年邾婁鼻我
來奔昭二十七年邾婁快來奔之屬是也若其大国大夫不書名氏者或有未命或有罪見貶矣曹無大
夫此何以書据羈無氏【疏】注据羈無氏○解云曹無大夫之文也言問者見羈無氏知曹
無大夫既無大夫何以得書曹羈故難之賢也何賢乎曹羈据国見侵出奔以辟難
戎將侵曹曹羈諫曰戎衆以無義戎師多又常以無義爲事
君請勿自敵也礼兵敵則戰不敵則守君師少不如守且使臣下往○則守手又反又如字下

同曹伯曰不可臣下不可獨往三諫不從遂去之故君
子以爲得君臣之義也孔子曰所謂大臣者以道事君不可則止此之謂也諫必
三者取月生三日而成魄臣道就也不從得去者仕爲行道道不行義不可以素餐所以申賢者之志孤惡君也諫有五
一曰諷諫孔子曰家不藏甲邑無百雉之城季氏自墮之是也二曰順諫曹羈是也三曰直諫子家駒是也四曰爭諫子
反請歸是也五曰贛諫百里子蹇叔子是也○魄普白反餐七干反諷方鳳反墮許規反爭爭鬬之爭贛諫陟降反又呼
弄反又丑用反【疏】三諫不從至義也○解云然則下二十七年傳云君子辟内難而不辟外難者謂三諫不從之
屬是也而曲礼下篇云三諫不聽則逃之蓋士不待放故言逃之○注諫必三者至君也○解云即此及鄉飲酒義云讓
之三也象月之三日而成魄是也○注諫有五至墮之是也解云即定十二年傳云孔子行乎季孫三月不違曰家不藏
甲邑無百雉之城於是帥師墮費是也○注二曰順諫○解云即此文是也○注三曰至駒是也○解云昭二十五年傳
云昭公將弒季氏告子家駒曰季氏爲無道僭於公室久矣吾欲弒之何如子家駒曰諸侯僭於天子大夫僭於諸侯久

矣昭公曰吾何僭矣哉子家駒曰設兩觀乘大路朱干玉戚以舞大武八佾以舞大夏皆天子之禮也是也○注四曰至歸乎是也○解云即宣十五年傳云外平不書此何以書大其平乎已也何大其平乎已莊王圍宋軍有七日之糧爾盡此不勝將去而歸爾於是使司馬子反乘堙而闚宋城宋華元亦乘堙而出見之司馬子反曰子之國何如華元曰憊矣曰何如曰易子而食之析骸而炊之司馬子反曰嘻甚矣憊雖然吾聞之也圍者相馬而秣之使肥者應客是何子之情也華元曰吾聞之君子見人之厄則矜之小人見人之厄則幸之吾見子之君子也是以告情於子也司馬子反曰諾勉之矣吾軍亦有七日之糧爾盡此不勝將去而歸爾揖而去之反于莊王莊王曰何如司馬子反曰憊矣曰何如曰易子而食之析骸而炊之莊王曰嘻甚矣憊雖然吾今取此然後而歸爾司馬子反曰不可臣已告之矣軍有七日之糧爾莊王怒曰吾使子往視之子曷爲告之司馬子反曰以區區之宋猶有不欺人之臣可以楚而無乎是以告之也莊王曰諾舍而止雖然吾猶取此然後歸爾司馬子反曰然則君請處于此臣請歸爾莊王曰子去我而歸吾孰與處于此吾亦從子而歸爾引師而去之故君子大其平乎已也者是也○注五曰至于是也○解云僖三十三年傳云秦伯將襲鄭百里子與蹇叔

子諫曰千里而襲人未有不亡者也秦伯怒曰若爾之年者宰上之木拱矣爾曷知師出百里子與蹇叔子送其子而戒之曰爾即死必於殽之嶔巖是文王之所辟風雨者也吾將尸爾焉子揖師而行百里子與蹇叔子從其子而哭之秦伯怒曰爾曷爲哭吾師對曰臣非敢哭君師哭臣之子也者是也○

赤歸于曹郭公赤者何曹無赤者蓋郭公也

以郭公在赤下○赤歸于曹郭公此連爲句郭音號亦如字連讀郭公爲一句

【疏】赤者何○解云欲言曹伯經不書爵欲言微者復有郭公之號故執不知問○曹無至公也○解云謂此郭公實非曹人故也言蓋郭公者蓋郭之公矣

郭公者何失地之君也

失地者出奔也名言歸郭郭公置赤下者欲起曹伯爲戎所殺故使若曹伯死謚之爲郭公而赤微者自歸曹也不言赤奔者從微者例不得錄出奔

【疏】郭公者何○解云欲言郭君經無其事欲言曹伯而文言郭公故執不知問○注不言至出奔○解云謂不言郭公赤奔曹者假作微人之文即從微者例寧得錄其奔正得言道赤歸于曹

侯之女嫁於諸侯者爲之朞若嫁於大夫者則不服矣其有服者春秋皆書其卒以録恩即紀伯姬宋伯姬之屬是若無服者則略之今此伯姬春秋不記其卒者蓋以其嫁於大夫故云不與卒于無服矣○注女會来例皆時○解云即此經書春公會杞伯姬于洮下文云冬杞伯姬来之屬是也○夏六月公會齊侯宋公陳侯鄭伯同盟于幽○秋公子友如陳葬原仲原仲者何陳大夫也大夫不書葬此何以書据益師等皆不書葬稱字者葬從主人也疏原仲者何○解云欲言陳君其稱異常欲言大夫不合録葬故執不知問○注据益至書葬○解云即隱元年冬十二月公子益師卒之屬皆無葬文是也○注稱字至人也○解云若五等諸侯之卒例書本爵及其葬時悉皆稱公亦是葬從主人之稱故取尊名矣通乎季子之私行也不以公事行曰私行私行不言葬原仲于陳若告糴者告糴上有無麥禾知以国事起此上下無起文而不言如陳嫌不辟國事實私行也不嫌使乎大夫者有国文也○告糴音狄下同使所吏反疏

注私行至告糴○解云即下二十八年經云冬築微大無麥禾臧孫辰告糴于齊傳云何以不稱使以爲臧孫辰之私行是也○注不嫌至國文也○解云成二年傳云君不使乎大夫此其行使乎大夫何者是其文也又閔二年傳云高子者何齊大夫也何以不稱使我無君也者亦是也今此葬原仲不嫌使乎大夫者正以上有如陳之文故也無國事言如陳者文九年注云大夫繫国是也何通乎季子之私行据大夫私行不書辟内難也欲起其辟内難○内難乃旦反注及亏下同君子辟内難而不辟外難禮記曰門内之治恩揜義門外之治義揜恩○之治直吏反下之治同疏注礼記曰至揜恩○解云喪服四制文也案彼文事作治字下揜字作断字盖以所見異内難者何公子慶父公子牙公子友皆莊公之母弟也公子慶父公子牙通乎夫人通者淫通疏内難者何○解云正以弑君之事乃在莊三十二年冬今已辟之故執不知問以脅公語在三十二年疏注語在三十二年○解云即公

春秋傳疏

公羊八

十八

郡齋傅校

會稽封于越裳○紀子來朝

○紀子來朝

監本春秋公羊註疏莊公卷第九 起二十八年盡閔公二年

何休學

二十有八年春王三月甲寅齊人伐衛衛人及齊人戰衛人敗績伐不日此何以日據鄭人伐衛不日〔疏〕注據鄭人伐衛不日。解云在隱二年冬按彼文雖在十二月乙卯夫人子氏薨之下不蒙其日月故得據之至之日也用兵之道當先至竟侵責之不服乃伐之。今日至便以今日伐之故日以起其暴也戰不言伐此其言伐何至之日也至日便伐明暴故舉伐〔疏〕戰不至伐何。解云正以上十年傳云戰不言伐云云書其重者故此弟子據而難之春秋伐者為客伐人者為客讀伐長言之齊人語也。伐者為客何云讀伐長言之伐人者也〔疏〕春秋伐者為客。解云謂伐人者必理直而兵強故引聲唱伐長言之喻兵無畏矣伐者為主見伐者為主讀伐短言之齊人語也。伐者為主何云讀伐短之見伐者也〔疏〕伐者為主。解云謂被伐主必理曲而寡援恐得罪於鄰國故促聲短言之喻其恐懼也公羊子齊人因其俗可以見長短故言此故使衛主之也戰序上言及者為主曷為使衛主之據宋襄公伐齊宋主齊〔疏〕注據宋至主齊。解云即僖十八年春王正月宋公會曹伯衛人邾婁人伐齊夏五月戊寅宋師及齊師戰于甗齊師敗績傳云戰不言伐此其言伐何宋公與伐而不與戰故言伐春秋伐者為客伐者為主曷為不使齊主之與襄公之征齊也曷為與襄公之征齊桓公死豎刀易牙爭權不葬為是故伐之也是也衛未有罪爾蓋為幽之會服父喪未終而不至故。蓋為干偽反〔疏〕注蓋為至至故。解云上二十七年夏公會齊侯宋公陳侯鄭伯同盟于幽是也按上二十五年夏五月癸丑衛侯朔卒至二十七年六月幽之會時始二十六月未盡令傳復以為無罪故知正為父喪未終是以不至則幽之會不至之衛侯惠公朔之子蓋懿公也敗者稱師衛何以不稱師據桓十三年己巳燕人戰敗績稱師也〔疏〕注據桓至稱師也。解云即彼經云十

畜勑六反匱其位反疏注危亡切近故諱○解云謂危亡之事切於國家埋應不逺矣

二十有九年春新延廏新延廏者何脩舊也

舊故也繕故曰新有所增益曰作始造曰築○廏九又反疏新延廏者何○解云欲言新造不見作名欲言修舊

修舊不書故執不知問○注繕故曰新○解云即此是也○注有所增益曰作○解云即僖二十年新作南門是也○注

造曰築○解云即上築微傳云凶年不造邑也之屬是也脩舊不書此何以書据新

宮災後脩不書疏注据新至不書○解云即成三年二月甲子新宮災三日哭於此以後不見修作之文是也

譏何譏爾凶年不脩不諱者繕故功費差輕於造邑延廏馬廏也○費芳味反差初

賣反疏注不諱至造邑○解云上二十八年築微之事實在大無麥禾後而在前言之者諱以凶年造邑故也然

則去年無麥禾今茲凶歲而修廏不諱者正以功費輕也○夏鄭人侵許○秋有

蜚何以書記異也蜚者臭惡之虫也象夫人有臭惡之行言有者南越盛暑所生非中

國之所有○蜚扶味反臭蟲也行下孟反○冬十有二月紀叔姬卒國滅卒者

從夫人行待之以初也疏注國滅至以初也○解云桓七年夏穀伯綏來朝鄧侯吾離来朝傳云皆何以名失

地之君也其稱侯朝何貴者無後待之以初也然則今此叔姬其國已滅而書卒正以本貴爲夫人今雖國滅猶以夫人

之礼待之而書其卒故云待之以初也案隱七年則此叔乃是伯姬之媵而言從夫人行者正以十二年春叔姬歸于

鄭傳云其言歸于鄭何隱之也何隱爾其國亡矣徒歸于叔爾也然則初去之時雖爲媵妾至莊四年三月伯姬卒之後

紀國未滅之前紀侯立之爲夫人其年夏紀侯大去其國叔姬乃歸于魯至十二年春歸于酅之時爲夫人故曰從夫人

行也○城諸及防諸君邑防臣邑言及別君臣之義君臣之義正則天下定矣○別彼列疏

注諸君至臣邑○解云知如此者正以昭五年夏莒牟夷以牟夷及防茲來奔傳云其言及防茲來奔傳云其言及防茲

來奔何不以私邑累公邑也彼注云公邑君邑也私邑臣邑也累次也義不可使臣邑與君邑相次序故言及以絶之然

則都邑言及別公私故知此言城諸及防者是君臣邑故也○注言及至定矣○解云所以君臣之義正則天下定可以

爲王者之法矣
三十年春王正月。夏師次于成。秋七月
齊人降鄣。鄣者何紀之遺邑也降之者何取
之也取之則曷爲不言取之爲桓公諱也時霸
功足以除惡故爲諱言降者皆以德見歸自來服者可也。降鄣户江反下注同鄣音章爲桓于僞反注同【疏】
鄣者何。解云欲言是國春秋未有欲言非國復無所繫故執不知問。降之者何。解云欲言自服文道齊人欲言兵
加而文又言降故執不知問外取邑不書此何以書盡也襄公服紀
以過而復盡取其邑惡其不仁之甚也月者重於取邑。復扶又反惡其烏路反下同【疏】注月者重於取邑。
解云以取邑例時即隱六年冬宋人取長葛之屬是。八月癸亥葬紀叔姬外
夫人不書葬此何以書隱之也何隱爾其國

亡矣徒葬乎叔爾。九月庚午朔日有食之
鼓用牲于社是後魯比弒二君狄滅邢衛。比弒申志反也【疏】徒葬乎叔爾。解云謂不得
與夫合葬故言徒徒者空也案上四年齊侯葬紀伯姬傳云外夫人不書葬此何以書隱之也何隱爾徒葬于齊爾而此
重發之者正以彼則于齊此則于叔故重言之。注是後魯比弒二君。解云謂下三十二年子般卒閔二年公薨是也
。注狄滅邢衛。解云謂僖元年次聶北救邢僖二年春王正月城楚丘之屬是也。冬公及齊
侯遇于魯濟。濟子禮反。齊人伐山戎此齊侯也
其稱人何据下言齊侯來獻戎捷【疏】注据下至戎捷。解云即下三十一年夏六月齊侯
來獻戎捷是也貶曷爲貶据齊侯伐北戎不貶【疏】注据齊至不貶。解云即僖十年夏齊侯
許男伐北戎是也若然而此註不道許男者正以其解齊人伐山戎之故省文子司馬子曰盖
以操之爲已蹙矣操迫也已甚也蹙痛也迫殺之甚痛。以操七刀反迫也注同蹙子

六反此蓋戰也何以不言戰據得捷也春秋敵者言戰桓公之與戎狄驅之爾時桓公力但可驅逐之而已戎亦天地之所生而乃迫殺之甚痛故去戰貶見其事惡不仁也山戎者戎中之別名行進故錄之○去起呂反見賢徧反疏春秋敵者言戰○解云謂軍之衆寡相敵者不謂將之尊卑等是以僖二十八年晉侯已下及楚人戰于城濮宣十二年晉荀林父帥師及楚子戰于邲之屬雖君與大夫亦言戰矣○注故去至不仁也○解云謂貶去其戰以見力不得等惡齊侯之不仁也○注行進故錄之○解云謂言山詳錄之耳

三十有一年春築臺于郎何以書譏何譏爾臨民之所漱浣也無垢加功曰漱去垢曰浣齊人語也譏者爲瀆下也禮天子外屏諸侯內屏大夫帷士簾所以防泄慢之漸也禮天子有靈臺以候天地諸侯有時臺以候四時登高遠望人情所樂動而無益於民者雖樂不爲也四方而高曰臺○漱素口反浣戶管反垢古口反去起呂反爲瀆于僞反下爲威同疏

臨民之所漱浣也○解云謂郎臺近泉臺故知如此是以文十六年傳云泉臺者何郎臺也郎臺則曷爲謂之泉臺未成爲郎臺既成爲泉臺彼注云既成更以所置名之者即其近泉之證也○注無垢加功曰漱○解云謂但用手矣既無垢而加功者蓋亦少有但無多垢故謂之無非全無也又取其斗漱耳若以里語曰斗漱也注去垢曰浣者蓋用足物是以舊說云用足曰浣是也故內則云冠帶垢和灰請漱衣裳垢和灰請澣鄭注云手曰漱足曰澣和漬也是也○注禮天至士簾○解云禮說文也○注天子至四時○解云皆是禮說文也文王受命之後乃築靈臺靈臺亦是天子曰靈臺之義正以候天地故以靈言之諸侯候四時故謂之時臺○注四方而高曰臺○解云爾雅釋宮文○夏四月薛伯卒卒者薛與滕俱朝隱公桓弑隱而立滕朝桓公薛獨不朝知去就也○桓殺申志反疏卒者至去就也○解云所傳聞之世小國卒例不合書而今書之故解之耳言薛與滕俱朝隱公者即隱十一年滕侯薛侯來朝是也言滕朝桓公者即桓二年滕子來朝是也言知去就者謂知去惡就善矣○築臺于薛何以書譏何譏爾遠也禮諸侯之觀不過郊○觀工喚反疏注禮諸至過郊

解云正以郎爲近邑而在郊內郊者上傳不譏其遠今此云薛傳云遠也故知禮諸侯不得過郊矣○六月齊侯來獻戎捷戰所獲物曰捷齊大國也曷爲親來獻戎捷據齊不嘗朝魯威我也以威恐怖魯也如上難知爲威魯書之○恐怖丘勇反下普故反其威我奈何旗獲而過我也旗軍識名各有色與金鼓俱舉使士卒望而爲陳者旗獲建旗縣所獲得以過魯也不書威魯者恥不能爲齊所忍辱見輕侮也言獻捷繫戎者春秋王魯因見王義古者方伯征伐不道諸侯交格而戰者誅絕其國獻捷於王者獻捷時此月者刺齊桓驕慢恃盛非所以獻霸功也○識音志又申志反又尺志反本又作幟同旗乃旦反因見賢遍反

疏注旗軍至有色○解云即礼大司馬以即戎之屬是也○注與金鼓俱舉○解云謂以金鐸和鼓金鐸通鼓之時而建之○注旗獲至過魯也○解云九言過者謂道所經過之稱今齊侯伐山戎而得過魯則此山戎不在齊北可知蓋戎之別種居于諸夏之山故謂之山戎耳○注言獻捷繫戎至不道○解云正決僖二十一年冬楚人使宜申來獻捷無所繫矣○注諸侯交至於王者○解云滔猶距也謂與交戰而距王命入謂不順之輩爲格化之類○注楚獻至此月○解云即僖二十一年冬楚人使宜申來獻捷是也而云持盈者謂自持盈滿之道而侮諸侯失謙虛之義故月之○

秋築臺于秦何以書譏何譏爾臨國也言国者社稷宗廟朝廷皆爲国明皆不當臨也臨社稷宗廟則不敬臨朝廷則泄慢也○冬不雨何以書記異也京房易傳曰旱異者旱必而不害物也斯祿去公室福由下作故陽雖不施而陰道獨行以成万物也先是比築三臺慶父專政之應○施申豉反

疏注先是比築三臺○解云即上文于郎臺薛于秦之屬是也○注慶父專政○解云即上二十七年傳云公子慶父公子牙公子友皆莊公之母弟也公子慶父公子牙通乎夫人以脅公季子起而治之則不得與于國政坐而視之則親親因不忍見也故於是復請至于陳而葬原仲也下三十二年傳云季子至而授之以國政然則上既言二子脅公季友不得爲政下文始言授季子国政即於是時慶牙爲政明矣○

三十有二年春城小穀○夏宋公齊侯遇于

三十有二年[illegible]

[illegible]

梁丘。秋七月癸巳公子牙卒何以不稱弟
據公弟叔肸卒○肸許乙反【疏】城小穀。解云二傳作小字與左氏異 夏宋公至梁丘。○解云隱八年注云宋
公亭上者時衛侯要宋公使不虞者爲主明當戒愼之然則今宋公亭上亦爲齊侯所要故也。○注據公弟叔肸卒。○解
云即宣十七年冬十有一月壬午公弟叔肸是也殺也殺則曷爲不言刺
據公子買有罪殺之言刺不言卒【疏】注據公至言卒。○解云即僖二十八年公子買戍衛不卒戍刺之傳云不
卒戍者何不卒戍者內辭也不可使往也不可使往則其言戍衛何遂公意也是也爲季子諱殺
也曷爲爲季子諱殺據殺孫得臣卒不日者惡不發揚公子遂弒也。○爲季子于僞反
下爲季子而爲注故爲同【疏】注據叔至遂弒也。○解云即宣五年九月叔孫得臣卒注云不日者知公子遂欲弒
君爲人臣知賊而不言明當誅是也然則季子若其發揚牙之罪惡誅之正是臣人之道今而諱殺故難之云季

子之遏惡也遏止。○遏於葛反止也不以爲國獄不就致獄其刑故言
卒緣季子之心而爲之諱季子遏在親親疑於非正故爲之諱所以別嫌明疑
○別彼列反【疏】注季子至明疑。○解云季子仁者不忍用刑其兄是失事君之道然則季子之遏在於親其親
者故曰遏在親親春秋以掩遏牙之惡與周公行誅于兄異是以疑其非正禮耳故爲之諱刺文所以別嫌者謂諱刺別
於親親失臣道之嫌明疑者明於掩惡非正禮之疑耳季子之遏惡奈何莊公
病將死以病召季子召之於陳【疏】注召之於陳。○解云正以上二十七年傳
云因不忍見也故於是復請至于陳而葬原仲也之文故也季子至而授之以國
政至不書者內大夫出與歸不兩書【疏】注至不至兩書。○解云謂通例如此宣八年夏公子遂如齊至
黃乃復書其乃復者彼傳云何言乎有疾乃復譏何譏爾大夫以君命出聞喪徐行而不反彼注云喪尚不當反況於疾
乎是也宣十八年秋公孫歸父如晉冬歸父還自晉至檉遂奔齊書其還者彼傳云還者何善辭也何善爾歸父使於晉
還自晉至檉聞君薨家遣墠帷反命乎介自是走之齊彼注云生書者善其不以家見逐怨懟成踊哭君終臣子之道起

時莫能然也言至㮋者善其得禮于㮋是也昭十四年春隱如故至自晉又昭二十四年春叔孫舍至自晉皆書至者正由彼執而得歸是以重而書至猶非正歸當書言之例也閔二年秋季子來歸書者初出亦不書不得難此也曰寡人即不起此病吾將焉致乎魯國致與也。焉於虔反季子曰般也存君何憂焉公曰庸得若是乎庸猶傭傭無節目之辭般音班牙謂我曰魯一生一及君已知之矣父死子繼曰生兄死弟繼曰及言隱公生桓公及今君生慶父亦當及是魯國之常也慶父也存時莊公以爲牙欲立慶父（疏）慶父也存者解云莊公許季子曰夫何敢是將爲亂乎夫何敢再言夫何敢者反覆思惟且欲以安病人也孔子曰君子有九思視思明聽思聰色思溫貌思恭言思忠事思敬疑思問忿思難見得思義。夫何音扶下及注同覆芳服反思難乃旦反也（疏）注再言至病人也。解云謂反覆思惟踟躕之間故再告此言夫何敢使病者意安耳。注孔子曰至思義。解云引之

者欲言季子反覆思惟合於君子之道言見得思義者得謂利祿也俄而牙弒械成是時牙實欲自弒君兵械已成但事未行爾有攻守之器曰械。俄五多反弒申志反注及下親弒同械戶戒反季子和藥而飲之藥者酖毒也傳曰酖之是也時季子亦有鴆故能飲之傳不道者從可知。飲於鴆反注同酖毒本亦作鴆直蔭反下文同（疏）注藥者至是也。解云即下云然則曷爲不直誅而酖之云云者是曰公子從吾言而飲此則必可以無爲天下戮笑必有後乎魯國時世大夫誅不宣揚子當繼體如故（疏）則必可以無爲天下戮笑。解云言不爲天下所共戮不爲天下所共笑矣。注時世大夫。解云欲道古禮大夫不世矣不從吾言而不飲此則必爲天下戮笑必無後乎魯國於是從其言而飲之飲之無傫氏至乎王堤而死公子牙今將爾今將欲殺無傫。無本又作巫傫音力委

反又力追反堤丁兮反（疏）飲之無傫氏。解云或是大夫家或是地名言飲酖毒之藥于無傫氏矣舊云飲之無傫氏者言飲此毒不累其子孫謂當立其氏族也者非也。至乎王堤而死。解云王堤蓋地名**辭曷爲與親弒者同**辭傳序經辭親躬親也（疏）注辭傳序經辭。解云知如此者正以經書公子牙卒無誅殺之文傳云曷爲不言刺之云是將爲亂乎故知此辭與親弒者同但是傳序經辭非爲經也**君親無將將而誅焉**親謂父母。無將如字閔公本將不誅將而皆同或子匠反非也**然則善之與曰然殺世子母弟直稱君者甚之也季子殺母兄何善爾誅不得辟兄君臣之義也**以臣事君之義也唯人君然後得申親親之恩。與音餘（疏）殺世子母弟至之也。解云即僖五年春晉侯殺其世子申生襄二十六年秋宋公殺其世子痤之屬者是殺世子直稱君之經也隱元年夏五月鄭伯克段于鄢襄三十年夏天王殺其弟年夫之屬者是殺母弟直稱君之經也。注唯人至之恩。解云欲道殺世子母弟所以直稱君甚之之義言得申親親之恩而不申之故甚其惡耳**然則曷爲不直誅而酖之行誅乎兄隱而逃之使託若以疾死然親親之道也**明當以親親原而與之於治亂當賞疑從重於平世當罰疑從輕雖不卒大夫而卒牙者本以書國將弒君書日者錄季子遏惡也行誅親親雖酖之猶有恩也（疏）隱而逃之解云言隱匿辟殺是以不直誅而酖之矣。注明當至與之。解云明春秋之道當親其親而原季子之心而與之故善之耳。注於治至從輕。解云注言此者欲道春秋者撥亂之書是以原其親親而賞季氏即賞疑從重也當所傳聞之世天下未平是以升平疑獄不得不誅故云於平世乃可罰疑從輕矣。注雖不至弒君。解云上三年春王正月溺會齊師伐衛傳云溺者何吾大夫之未命者也彼注云所伐大夫不卒者莊公薄於臣子之恩故不卒大夫與桓同義是也今牙書卒者本以當國將弒君故也。注書日至遏惡也。解云正以春秋之義於所傳聞之世大夫之卒不問有罪無罪皆不書日以略之因示其恩淺即隱元年冬十二月公子益師卒隱八年冬十有二月無駭卒之屬是也今而書日故解之言錄季

称卒書葬【疏】注据定至書葬。解云：即定十五年秋七月壬申，姒氏卒；九月辛巳，葬定姒。然則定姒称卒而書葬，今子般称卒不書葬，故難之。

未踰年之君也，有子則廟，則立廟也。廟則書葬，録子恩也。無子不廟，不廟則不書葬。未踰年之君，礼，臣下无服，故无子不廟，不廟則不書葬，亦一年不二君也。亦卒不地者，降成君也。日者，爲臣子恩録之也。弑不去日，見隱者，降子赤也。○去，起呂反；見，賢編反。

【疏】注未踰至二君也。解云：案喪服不杖期章之内，有爲君之長子，臣下尤服之，况爲嗣君而言无服者，正以爲長子之時，其臣下從君而服之；若其爲嗣君，則无從服之義，是以知其无服矣。不但如此，作君長子之時，其臣皆吉，故得爲之服期；若作未踰年之君，臣下皆爲前君服斬，寧得更爲之服乎？若逆服期，即是廢重服輕；若爲斬衰三年，即違一年不二君之義故也。注称卒不至之也。解云：案隱公、閔公皆是成君，而亦不地，故隱十一年傳云"公薨何以不地？不忍言也"，故彼注云"不忍言其僵尸之処"。今子般亦殺死，正合不書地，而言弄成君者，欲道好死者亦不書地，所以降成君故也。其好死者，即襄三十一年秋九月癸巳子野卒是也。注殺不至子赤也。解云：

即文十八年冬十月子卒，傳云"子卒者孰謂？謂子赤也。何以不日？隱之也。何隱尔？弑也。弑則何以不日？不忍言也"，彼注云"所聞世，臣子恩痛王父深厚，故不忍言其日，與子般異"是也。然則子般尤是所傳聞之世，恩降于子赤，是以忍言日也。○

公子慶父如齊。如齊者，奔也。是時季子新誅牙，慶父雖歸獄鄧扈樂，尤不自信於季子，故出也。不言奔者，起季子不探其情，不暴其罪。○樂音洛；暴，步卜反。【疏】注慶父至扈樂。解云：其歸獄鄧扈樂之事，在閔元年傳也。

○狄伐邢。

閔公 起元年，尽二年。

元年春王正月。公何以不言即位？繼弑君不言即位。復發傳者，嫌繼未踰年君義異，故也，明當隱之如一。○弑，申志反。【疏】注復發至如一。解云：即莊元年傳云"公何以不言即位？春秋君子不言即位。君弑則子何以不言即位？隱之也。孰隱？隱子也"。然則莊元年已有此傳，今復發之者，正嫌此繼未踰年之君異于成君故也。其異一成一未而不異之者，明臣子隱痛之當如一矣。若然，案

莊公繼弒弒是慶父何氏寧知不然此異而知爲所繼之君成與不成者正以解即位之義欲道后君痛其見弒不忍即其位処明恩之深淺无弒者内外之義故也据孰繼据子般弒不見○見賢徧反
繼子般也孰弒子般慶父也殺公子牙今將
爾季子不免慶父弒君何以不誅將而不免
遏惡也既而不可及因獄有所歸不探其情
而誅焉親親之道也論季子當從議親之辟犹律親親得相首匿當與叔孫得臣有差○探他南反辟婢亦反匿女亦反【疏】注論季子至首匿○解云謂季子緩縱慶父之事當從周禮小司徒議親之法非其罪也○注當與至有差○解云即宣五年叔孫得臣卒注云不日者知公子遂欲弒君爲人臣知賊而不言明當誅則得臣與遂不宜相隱是以罪之今慶父季友親則親矣得相首匿是以舍之故言當與叔孫得臣有差矣
惡乎歸獄歸獄僕人鄧扈樂爲歸獄僕人鄧

扈樂据師還也○惡音烏扈樂音路或如字【疏】注据師還也○解云即莊八年秋師還傳云還者何善辭也此滅同姓何善爾非師之罪也注云明君之使重在君然則莊八年尊者使師滅同姓而歸善於師今則尊者使樂殺子般而反歸惡於樂故難之
莊公存之時樂曾淫于宮中子
般執而鞭之莊公死慶父謂樂曰般之辱爾
國人莫不知盍弒之矣使弒子般然後誅鄧
扈樂而歸獄焉殺鄧扈樂不書者微也○曾才能反盍戶臘反【疏】樂曾淫于宮中○解云即左氏傳云雩講於梁氏女公子觀之圉人犖自牆外與之戲也者得與此合
季子至而不
變也至者聞君弒從家至朝季子知樂勢不能獨弒而不变正其真僞○齊人救邢
○夏六月辛酉葬我君莊公○秋八月公及
齊侯盟于洛姑時慶父内則素得權重外則出奔彊齊恐爲國家禍亂故季子如齊聞之奉閔

公託斉栢爲此盟下書帰者使與君致同生書者起託君也（疏）注故季子如斉聞之。解云正以下經云季子來帰故知時如斉矣。注書君至致同。解云正以大夫帰例不書而下經書帰故如此解也。注主書者起託君也。解云謂主書此盟又下文即書季子來帰者欲起季子託君子斉侯矣所以不書公至自洛者栢之會不致故也。○

季子來歸其稱季子何据如陳名不称季卒不称子（疏）注据如陳名不称季。解云即莊二十七年公子友如陳葬原仲是也。注不称子。解云即僖十六年三月壬申公子季友卒是也

賢也嫌季子不探誅慶父有甚悪故復於託君安国賢之所以輕帰獄顕所當任達其功不称季友者明斉繼魯本感洛姑之託故令與高子俱称子起其事。令力呈反（疏）注嫌季至賢之。解云嫌有趙盾不誅趙穿而獲弑君之悪故曰甚悪也。注所以至其功。解云所以輕帰獄者欲輕季子往前縦慶父帰獄之過矣言顕所當任者謂書曰季子來帰明託君而還欲顕當存国之任矣言達其功者欲建其存国之功矣。注不称至其事。解云以僖十六年卒時称季友故決之但當称季足得起其賢而称子者見義故也何者案下二年冬斉高子來盟傳云高子者何斉大夫也何以不名喜之也何喜尔正我也其正我奈何莊公死子般弑閔公弑比三君死曠年无君設以斉取曾不與師徒以言而已矣栢公使高子將南陽之甲立僖公而城魯人至今以爲美談曰尤望高子也然則斉侯所以遣高子存魯而立君繼之者由此洛姑之託故令季子與高子同称子起見其事矣

其言來歸何据召帰不書隱如言至（疏）注据召帰不書。解云即莊二十七年公子友如陳葬原仲莊三十二年傳云莊公召季子季子至而授之以国政彼注云至不書者内大夫出與帰不兩書是也。注隱如言至。解云即昭十四年隱如至自晋是也

喜之也季子來帰則国安故喜之而変至加録云尔盍與賢相起言帰者主爲喜出言來者起從斉自外來盟不日公不致者栢之盟不日其會不致信之也。主爲于僞反下文注皆同（疏）注盖與賢相起。解云謂称字所以賢之亦見其喜矣変至言帰所以喜之亦起其賢故云與賢相起耳。注栢之盟不日至之也。解云莊十三年傳文

○冬斉仲孫來斉仲孫者何公子慶父也公子慶父則曷爲謂之斉仲孫繫之斉也曷

[illegible]

爲繫之齊据栾盈出奔楚逐不繫楚疏齊仲孫者何。解云欲道
而繼于齊故執不知問。注据栾至不繫楚。解云即襄二十一年秋晋栾盈出奔楚至襄二十三年夏栾盈復入于晋
入于曲沃是也外之也曷爲外之据俱出奔遠也春秋爲尊者
諱爲閔公諱受賊人也爲親者諱爲季子親親而受之故諱也疏注爲季至諱也
解云謂季子是閔公之親親而反受其賊故爲諱耳爲賢者諱以季子有遏牙不殺慶父之賢故爲
諱之子女子曰以春秋爲春秋以史記氏族爲春秋言古謂史記爲春秋
疏注以史記氏族爲春秋。解云謂以史記人之氏族而爲春秋。注言古至春秋。解云夫子脩史記爲春秋
今言以春秋爲春秋則史記舊有春秋之名是言古者謂史記爲春秋矣齊無仲孫其諸
吾仲孫與齊有高国崔魯有仲孫氏亦足以知魯仲孫言仲孫者以治所氏起其事明王書者賊不
宜來因以起上如齊奔殺君出奔。子女子音汝疏注齊有高国崔。解云即国夏高固高張崔杼之屬是矣

○注魯有仲孫氏。解云即仲孫蔑仲孫羯之屬是也。注王書至出奔。解云正以經書其來見不宜來則知上如齊
者是其犯罪而去矣莊三十二年冬公子慶父如齊者即上如齊之經矣
二年春王正月齊人遷陽不爲桓公諱者功未足以覆比滅人之惡也
疏春王正月齊人遷陽。解云莊十年三月宋人遷宿彼注云月者遷取王封當與滅人同罪然則春秋之例大
国之遷例月小國書時即僖三十一年十有二月衛遷于帝丘昭九年春許遷于夷之屬是也而今陽爲小国齊人遷之
亦是遷取王封當與滅人同罪故云月矣云云之說在莊十年。注不爲至惡也。解云莊十年冬十月齊師滅譚是十
三年夏六月齊人滅遂今遷取王封因而臣之雖當時未滅終不得在故云比滅人之惡矣如此注者正决僖十七年夏
滅項傳云孰滅之齊滅之曷爲不言齊滅之爲桓公諱也春秋爲賢者諱桓公嘗有繼絕存亡之功故君子爲之諱然則
彼經不言齊而此言齊人故決之○夏五月乙酉吉禘于莊公其
言吉何据禘于大廟不言吉。吉禘大計反大廟音泰下同疏注据禘至言吉。解云即僖八年七

月禘于大廟用致夫人是也言吉者未可以吉也都未可以吉祭經舉重不書禘
于大廟譏獨莊公不當禘于大廟可禘者故加吉明大廟皆不當疏注都未可以吉祭。解云在三年之內莊
公及始祖之廟皆未可以吉祭故言都尒。注經舉重不書
解云春秋之義常事不書有善惡者乃始錄而美刺之今既
已舉重特書于莊公不書于大廟則嫌莊公一廟獨不當禘
大廟便可禘矣然莊公卑于始祖而言舉重者言三年之內
作吉祭之時莊公最不宜吉故
言舉重不謂莊公尊于始祖也曷為未可以吉據三年也疏
注據三年也。解云莊三十二年八月公薨
至今年五月已入三年之竟故言據三年也未三年也
禮禘祫從先君數朝聘從今君數三年喪畢遭
禘則禘遭祫則祫。君數所主反下同祫音洽疏未三年也。解
云謂未滿二十五月也。注禮禘祫從先君數。解云謂爲
禘祫之祭合從先君死時日月而數之若滿三年已后遭禘
則禘遭祫即祫耳。注朝聘從今君數。解
云謂從今君即位以后數其年歲周滿為朝聘之數三年矣曷
為謂之未三年三年之喪實以二十五月時莊

公薨至是適二十二月所以必二十五月者取期再期恩倍
斷三年也孔子曰子生三年然后免于父母之懷夫三年之
喪天下之通喪禮士虞記曰期而小祥曰薦此常事又期而
大祥曰薦此常事中月而禫是月也吉祭尤未配是月者二
十七月也傳言二十五月者在二十五月
外可不譏。○取期音基下同禫大感反疏注所以至三年也。解云
二十五月是再期矣故曰取期再期矣父母之喪倍於期者
之恩正當其禮數故曰其恩倍矣言斷三年也者謂二十五
月斷得三年之竟故云斷三年也議如得斷一君之遺教。
注禮士至常事。解云彼注云小祥祭名祥吉也古文期皆
作基常者期而祭禮古文常為祥。注又期至祥事。解云
亦彼文注中月而禫是月也吉祭尤未配者亦彼文彼注云
中尤間也禫祭名也與大祥間一月自喪至此凡二十七月
禫之為言澹澹然平安意也是月是禫月當四時之祭月則
祭尤未以某妃配
某氏哀未忘也其言于莊公何據禘于大廟不言周公祫僖公不言僖宮
疏注據禘至周公。解云即僖八年秋七月禘于大廟用
致夫人是也。注祫僖至僖宮。解云祫僖公不言僖
宮定八年從祀先公傳云從祀者何順祀也文公逆祀去者
三人定公順祀叛者五人彼注云諫不以禮而去曰叛云不

書禘者后祫亦順非獨禘也不言僖公者閔公亦得其順其祫僖公不言僖公者即文二年八月丁卯大事于大廟躋
僖公傳云大事者何大祫也者是也未可以稱宮廟也時閔公以莊公在三年之中未
可入大廟禘之于新宮故不稱宮廟明皆非也曷爲未可以稱宮廟據言禘也疏
注據言禘也。解云正以禘是吉祭之稱既得言禘何故不得稱宮廟故難之在三年之中矣
當思慕悲哀未可以鬼神事之疏注未可以鬼神事之。解云正言以宮廟者鬼神居之之稱故也吉
禘于莊公何以書譏何譏爾譏始不三年也
與訖始同義疏注與訖始同義。解云案隱二年九月紀履緰來逆女傳云不書此何以書譏何譏爾譏始不親迎
也始不親迎昉於此乎前此矣前此則曷爲始乎此託始焉爾曷爲託始焉爾春秋之始也然則此亦宜云始不三年昉
於此乎前此矣前此則曷爲始乎此託始焉爾春秋之始也故云與訖始同義矣而傳不言訖始蓋省文
從可知也。秋八月辛丑公薨何以不地隱之

也何隱爾弒也孰弒之慶父也殺公子牙今
將爾季子不免慶父弒二君何以不誅將而
不免遏惡也既而不可及緩追逸賊親親之
道也與不探其情同義不書葬者賊未討。弒音試下及注同疏公薨何以不地。解云隱十一年傳
云公薨何以不地注云据莊公薨于路寢然則此傳云公薨何以不地者亦据莊公但從後注省文故也。注與不至同
義。解云即上元年傳云孰弒子般慶父也殺公子牙今將爾季子不免慶父弒君何以不誅將而不免遏惡也既而不
可及因獄有所歸不探其情而誅焉親親之道也。注不書葬賊未討。解云即隱十一年冬十有一月壬辰公薨傳云
何以不書葬隱之也何隱爾弒也弒則何以不書葬春秋君弒賊不討不書葬以爲無臣子也是也而言未者欲道於后
討得之即僖元年傳於是抗輈經而死者是也九月夫人姜氏孫于邾婁
爲淫二叔殺二嗣子出奔不如文姜于出奔聚之者爲內臣子明其義不得以子絕母凡公夫人奔例日此月者有罪

【疏】注不如文姜至絶母。解云莊元年三月夫人孫于齊傳云夫人何以不稱姜氏貶曷爲貶與弑公也是於出時貶之之文也爲内臣了明其義不得以子絶母者正謂此顯見其義而已不謂此夫人卒竟不絶也故僖元年夫人氏之喪傳云夫人何以不稱姜氏貶曷爲貶與弑公也然則曷爲不於弑焉貶貶必以其重者莫重乎以其喪至也者是其亦貶之矣。注凡公至有罪。解云正以昭二十五年九月己亥公孫于齊而書日則知夫人之孫亦宜然而此及文姜之孫皆書月案此二人皆有罪故如此注之耳

公子慶父出奔莒慶父弑二君不當復見所以復見者起季子緩追逸賊也不日者内大夫奔例無罪者日有罪者月外大夫奔例皆時。當復扶又反下同見賢徧反下文復見同

【疏】注慶父至逸賊也。解云知弑父之人不合復見者正見宣六年春晉趙盾衛孫免侵陳傳云趙盾弑君此其復見何復注云据宋督鄭歸生齊崔杼弑其君後不復見傳又曰親弑君者趙穿也彼注云復見趙盾者欲起親弑者趙穿非盾是。注不日者至皆時。解云襄二十三年冬十月乙亥臧孫紇出奔邾娄是無罪書日也其有罪書月者即昭十二年冬十月公子慭出奔齊之屬及此文皆是而文八年公孫敖如京師不至復丙戌奔莒案傳

云不可使往也則是有罪而書丙戌者彼注云日者嫌敖罪明則起君弱故諱使若無罪者是也其外大夫奔例皆時者不問有罪與無罪即襄二十七年夏衛侯之弟鱄出奔晉二十八年夏衛石惡出奔晉冬齊慶封來奔之屬是也 ○

冬齊高子來盟 高子者何齊大夫也以有高傒也

【疏】高子者何。解云欲言齊侯而經稱子欲言大夫名不書見經故執不知問。注以有高傒也。解云即莊二十二年秋七月丙申及齊高傒盟于防是也

何以不稱使据鄭伯使其弟語來盟

【疏】注据鄭至來盟。解云在桓十四年夏

我無君也時閔公弑僖公未立故正其義明君臣無相適之道也春秋謹於別尊卑理嫌疑故絶去使文以起事張例則所謂君不使乎大夫也。別彼列反故絶去起呂反下欲去同

【疏】注所謂君不使乎大夫也。解云成二年齊侯使國佐如師之下傳云君不行使乎大夫此其行使乎大夫何佚獲是也

然則何以不名据國佐盟名

【疏】注据國佐盟名。解云即成二年及國佐盟于袁娄者是也

喜之也何喜爾正我也其正我奈何莊

公死子般弑閔公弑比三君死曠年無君與曠
年無君無異疏注與曠年無君無異。解云正以莊公死時子般即位子般弑後閔公即位閔公弑後僖公即
位君常不絕而傳言曠年無君者正以三年之內三君比死與曠年無君無異非實無君也設以齊取
魯曾不與師徒以言而已矣設時勢然桓公使高
子將南陽之甲南陽齊下邑甲華皆鎧胄也。華吏百反鎧苦愛反胄直又反立僖
公而城魯或曰自鹿門至于爭門者是也或
曰自爭門至于吏門者是也魯人至今以為
美談曰猶望高子也久闊思相見者引此為喻美談至今不絕也立僖公城魯不書
者諱微弱喜而加高子者美大齊桓繼絕于魯故尊其使起其功明得子續父之道。鹿門魯南城東門也。其使所吏反
疏注明得至之道。解云凡人子之道宜繼祖祢之功不絕之今桓公繼于魯正得續父功德之義故尊其使而
稱子耳言明其得人子續其人父功德之道也○十有二月狄入衛○鄭
棄其師鄭棄其師者何連國者并問稱國疏鄭棄其師者何。解
云正以言異常例故孰不知問惡其將也以言棄師。惡其烏路反下及注同將也子匠反下同
鄭伯惡高克使之將逐而不納棄師之道也
鄭伯素惡高克欲去之無由使將師救衛隨後逐之因將師而去其本雖逐高克實棄師之道故不書逐高克言棄師為
重猶趙盾加弑也不解國者重衆從國辭録可知繫閔公篇于莊公下者子未三年無改於父之道傳曰則曷為於其封
內三年稱子緣孝子之心則三年不忍當也。盾徒本反疏注猶趙盾加弑。解云謂實逐克但言棄師為重案
趙穿弑君但言加弑為重相似趙盾加弑在宣二年。注子未三年。解云謂莊三十二年八月薨至閔二年八月薨時
始二十五月故曰未三年也○注傳曰至忍當也。解云文九年傳文也

何休學

元年春王正月公何以不言即位據文公言即位繼弒

君子不言即位此非子也其稱子何僖公者閔公庶兄據

閔公繼子般傳不言子。弒申志反臣子一例也僖公繼成君閔公繼未踰年君禮諸侯臣諸父

兄弟以臣之繼君猶子之繼父也其服皆斬衰故傳稱臣子一例。衰七雷反齊師宋師曹

師次于聶北救邢救邢不言次此其言次何

據夏師救齊不言次。聶女涉反。【疏】注據夏至言次。解云即下十八年夏師救齊是也不及事

也不及事者何邢已亡矣刺其救急舒緩使至於亡故錄之止次以起之

【疏】不及事者何。解云正以次者閒暇之名而言不及事似於義違故執不知問孰亡之蓋

狄滅之以上有狄伐邢【疏】注以上有狄伐邢者解云即莊三十二年冬狄伐邢者是曷爲

不言狄滅之據狄滅溫言滅【疏】注據狄滅溫言滅者解云即下十年春狄滅溫溫子奔衛

者是爲桓公諱也曷爲爲桓公諱據徐人取舒晉滅夏陽楚滅黃皆不

諱。爲桓于僞反下爲桓曷爲并下注爲諱爲桓爲內爲僖皆同。夏戶雅反【疏】注據徐人取舒解云即下三年

夏徐人取舒者是也。注晉滅夏陽。解云即下二年虞師晉師滅夏陽是也。注楚滅黃。解云即下十二年夏楚人

滅黃是也。然則彼三事皆不爲桓公諱者取舒之下何氏云不爲桓諱者刺其不救也是也今此實救故爲之諱耳

上無天子下無方伯天下諸侯有相滅亡者

桓公不能救則桓公恥之故以爲諱所以醇其能以治世自任而厚責之【疏】

上無至方伯。解云上無天子下無方伯莊四年何氏云有而無益於治曰無猶易曰闃其無人者是也。注以治世自

任者猶言以天子治世爲己任矣。曷爲先言次而後言救據叔孫豹先言

救○疏注據叔至言救○解云即襄二十三年秋齊侯伐衛遂伐晉八月叔孫豹帥師救晉次于雍榆是也君也叔孫豹臣也當先通君命故先言救今此先言次知實諸侯○君則其稱師何不與諸侯專封也故設君文但卑師而已○曷為不與據狄滅之為桓公諱實與不書所封歸是也○疏注不書至是也○解云昭十三年秋蔡侯廬歸于蔡陳侯吳歸于陳傳云此皆滅國也其言歸何不與諸侯專封也彼注云故使若有國自歸者也名者東受其封當誅然則彼經書所封歸是不與楚專封則知此經不書所封歸者與齊桓專封明矣若書所封歸宜言邢侯歸于邢矣而文不與文曷為不與據實與也疏而文不與○解云連上句讀之諸侯之義不得專封也此道大平制○大平音泰○疏注此道大平制○解云正以春秋作義實與齊桓專封而言諸侯之義不得專封故知是大平制也諸侯之義不得專封則其曰實與之何上無天子下無方伯天下諸

侯有相滅亡者力能救之則救之可也主書者起文從實也疏注主書至實也○解云謂雖文不與其義實與故言起文從實也○○夏六月邢遷于陳儀遷者何其意也其意自欲遷時邢創畏狄兵更欲依險阻○陳儀左氏作夷儀疏遷者何○解云欲言自遷實齊遷之欲言齊遷而作自遷之文故執不知問○遷之者何非其意也王者封諸侯必居土中所以教化者平貢賦者在德不在險其後為衛所滅是也遷例大國月重煩勞也小國時此小國月者霸者所助城故與大國同疏注謂宋人遷宿也○解云即莊十年三月宋人遷宿是也案彼傳云遷之者何不通也以地還之也今此發之者正以此有自遷之文故取此對之也○注王者至土中○解云謂各處其土中不謂據天下○注其後至是也○解云即二十五年春王正月丙午衛侯燬滅邢是也○注遷例大國月○解云即下三十一年十有二月衛遷于帝丘之屬是也○注小國時○解云即昭九年春許遷于夷之屬是也○齊師宋師曹師城邢此一

事也曷為復言齊師宋師曹師据首戴前日而後凡○復言扶又反下同疏注据首至後凡○解云即下五年夏公及齊侯宋公陳侯衛侯鄭伯許男曹伯會王世子于首戴秋八月諸侯盟于首戴是也不復言師則無以知其為一事也言諸師則嫌與首戴同嫌實師言諸侯則嫌與緣陵同嫌歸聞其遷更與諸侯来城之未必反故入也故順上文則知桓公宿晉城之為一事也○疏注言諸師至實師○解云首戴之會歷序齊侯宋公之屬下文揔道諸侯更是實諸侯今此亦上歷序齊師之屬若下文直揔言諸師則與首戴同嫌是實師非必齊侯宋公等是以得序之以順上文也○注言諸侯至入也○解云即下十三年公會齊侯宋公陳侯衛侯鄭伯許男曹伯于鹹十四年春諸侯城緣陵是時會諸侯各自還國至十四年春更来城之故此復注云言諸侯則嫌與緣陵同嫌歸聞其遷更與諸侯来城之未必反故人也○注故順至事也○解云宿音須就反晉音盧胄反案十四年穀梁傳曰其曰諸侯散辭也范氏云直曰諸侯無大小之序是各自欲城無揔一之者非伯者所制故曰散辭傳又曰聚而曰散何也范氏云据言諸侯城則是聚傳又云諸侯城有散辭也桓德衰矣范氏云言諸侯城則非伯者之為可知也齊桓德衰所以散也何休曰案先是盟亦言諸侯非散也又穀梁美九年諸侯盟于葵丘即散何以美之於義穀梁為矩然則何氏彼處廢穀梁不聽為散辭而此所引以作散辭者何氏之意直以言諸侯者見桓德衰待諸侯然後能城之故嫌穀梁以為散辭耳今此注正道緣陵之諸侯十三年鹹之會各自歸國十四年復来城之仍自不道十四年諸侯為散辭矣○秋七月戊辰夫人姜氏薨于夷齊人以歸夷者何齊地也齊地則其言齊人以歸何据從國中歸不當書邾婁人執鄫子不書以歸是也○鄫似陵反疏夷者何■解云夫人之薨例不言地今言于夷故執不知問○注邾婁至是也○解云即下十九年夏六月宋人曹人邾婁人盟于曹南鄫子會盟于邾婁己酉邾婁人執鄫子用之是夫人薨于夷則齊人以歸夫人所以薨于夷者齊人以歸至夷夫人薨于夷則齊人曷為以歸据上說夫人薨于夷者齊人以歸至夷也齊人曷為故以歸至于夷桓公

召而縊殺之先言薨後言以歸而不言喪者起桓公召夫人于邾婁歸殺之于夷因爲內諱恥使若夫人自薨于夷然後齊人以歸者也主書者從內不絕錄因見桓公行霸王誅不阿親親疾夫人淫泆二叔殺二嗣子而殺之○縊一賜反一本作縊於華反見賢徧反泆音逸疏注主書至殺之○解云即閔二年九月夫人姜氏孫于邾婁注云不如文姜于出奔貶之者爲內臣子明其義不得以子絕母者是○楚人伐鄭楚稱人者爲僖公諱與夷狄交婚故進使若中國又明嫁娶當慕賢者○疏注楚稱人者○解云欲對莊二十八年秋荊伐鄭之經也○注爲僖至交婚○解云即下八年秋七月禘于太廟用致夫人傳云夫人何以不稱姜氏譏以妾爲妻也其言以妾爲妻奈何蓋脅于齊媵女之先至者也彼注云僖公本聘楚女爲嫡齊女爲媵齊先致其女脅僖公使用爲嫡故從父母辭言致不書夫人及楚女至者起齊先致其女然後脅魯使立也楚女未至而豫廢故皆不得以夫人至書也者是其與夷狄交婚之事○注故進使若中國○解云正以稱人爲楚進稱故也○八月公會齊侯宋公鄭伯曹伯邾婁人于朾月者危公會霸者而與邾

婁有辨也不從有夫人喪出會惡之者不如危重也○朾勑貞反又他丁反左氏作檉惡之烏路反下同疏八月至于朾○解云朾字左氏作檉亦有作朾字○注月者至辨也○解云正以月非大信辭故也知與邾婁有辨者即下文公敗邾婁師于纓是也既出尊者之側而有私争故危之○九月公敗邾婁師于纓有夫人喪不惡親用兵者時怨邾婁人以夫人與齊於喪事無薄故也○于纓左氏作偃疏九月公敗至于纓○解云左氏作偃字○注有夫至故也○解云正以僖三十三年晉人及姜戎敗秦于殽下傳云襄公親至則其稱人何貶曷爲貶君在乎殯而用師危不得葬也然則彼背殯用兵貶而危之今此經云九月公敗邾婁師于纓與莊十年春王正月公敗齊師于長勺夏六月公敗宋師于乘丘之屬無異者時於喪事無薄故也然則公敗邾婁者爲哀姜復讎也若然案莊九年及齊師戰于乾時亦是爲桓公復讎于齊經不言公此言公者彼傳云此復讎于大國曷爲使微者公也公則曷爲不言公不與公復讎也曷爲不與公復讎復讎者在下也注云時實爲不能納子糾伐齊諸大夫以爲不如以復讎伐之於是以復讎伐之非誠心至意故不與也然則此言公者本出公意故也冬十月壬

午公子友帥師敗莒師于犂獲莒挐莒挐者
何莒大夫也莒無大夫此何以書大季子之
獲也何大乎季子之獲據獲人當坐○于犂力知反又力兮反左氏作酈莒挐女
居反一音女加反一本作𡛷𡛷音同【疏】莒挐者何■解云欲言莒君經不稱子欲言大夫莒無大夫故執不知問
季子治內難以正謂拒慶父○內難乃旦反下同禦外難以正
其禦外難以正奈何公子慶父弒閔公走而
之莒莒人逐之將由乎齊齊人不納郤反舍
于汶水之上使公子奚斯入請季子曰公子
不可以入入則殺矣義不可見賊而不殺【疏】將由乎齊○解云欲從齊而自
安矣○舍于汶水之上■解云舊本皆作洛誤也何者今齊魯之間有汶無洛也○奚斯不忍反

命于慶父自南涘涘水涯涘音俟○北面而哭時慶父自汶水
之北慶父聞之曰嘻嘻發痛語首之聲○嘻許其反【疏】注嘻發至之聲解云謂發心自
痛傷而以嘻為語之首也此奚斯之聲也諾已諾已皆自畢語【疏】注諾已皆
自畢語○解云猶似今人云休一生罷去已自畢竟之辭故云自畢語矣畢作畢字誤耳曰吾不得
入矣於是抗輈經而死輈小車轅冀州以此名之云爾○輈音竹由反車轅也○
【疏】於是至而死○解云鄭氏云慶父輪死者正取此文莒人聞之曰吾已得
子之賊矣以求賂乎魯魯時雖綴追猶外購求之○購古豆反魯人
不與為是興師而伐魯故與季子獲之季子待之以偏
戰傳云爾者善季子忿不加暴得君子之道【疏】注傳云至之道○解云此待之以偏戰者即經書敗文是
也敗者內戰文耳莒人可忿而能結日偏戰偏戰是其不加暴之義故得君子之道○十有二月

[illegible]〇十有二月[illegible]

[illegible]

[illegible]大夫[illegible]

[illegible]

丁巳夫人氏之喪至自齊夫人何以不稱姜氏據薨于夷稱姜氏經有氏不但問不稱姜并言氏者嫌據夫人婦姜欲使去氏○去起呂反【疏】注經有至去氏○解云夫人婦姜之文即宣元年三月遂以夫人婦姜至自齊是也貶之曷爲貶之據薨于夷不貶與弑公也與慶父共弑閔公○與殺音預又如字下申志反【疏】注與慶至閔公○解云不言子般者據成君言之省文○然則曷爲不於弑焉貶據酖牙於卒時貶【疏】注據酖至時貶○解云即莊三十二年公子牙卒傳云何以不稱弟殺也是傳言殺者言由其見殺貶之矣貶必於重者莫重乎其以喪至也刑人于市與衆棄之故必於臣子集迎之特貶之所以明誅得其罪因正王法所加臣子不得以夫人禮治其喪也貶置氏者殺子差輕於殺夫別逆順也致者從書薨以常文錄之言自齊者順上以歸文○差初賣反又初佳反別彼列反○【疏】注刑人至棄之○解云禮記文○注所以至喪也○解云季子之逸慶父齊桓之討哀姜二義相違而皆善之者誅不辟親王者之道親親相隱古今通式然則齊桓之詩哀姜得伯者之義季子之縱慶父因獄有所歸遂申親親之恩義各有途不可為難矣○注貶置氏者○解云謂貶而畱置其氏矣○殺子至順也○解云言殺子差輕於殺夫者欲道莊元年夫人孫于齊姜氏並去者正猶殺夫罪重故也言別逆順者言殺夫之逆甚於殺子二事相對而言之不謂哀姜殺子得為順是以晉侯宋公殺世子皆直稱君而甚之○注致者至錄之○解云謂不書殺而書薨作常文是以於歸亦作常文錄之若公之喪至自齊至自乾侯之屬○注言自至歸文○解云其實從夷來而言至自齊正以上文云薨於夷齊人以歸故言至自齊順之

二年春王正月城楚丘孰城據內城不月故問之【疏】注據內至問之○解云內城不月者即隱七年夏城中丘襄十九年冬城西郭之屬是也其內城有在日月下者皆不蒙日月城衛也曷爲不言城衛據無遷文以言城故當言城衛【疏】注據無至城衛○解云舊本曷為之下有不言二字今無者脫也言以前之經未有遷衛于楚丘之文今此城之固當言城衛不應言城楚丘故難之固字亦有作故字者言由是之故當言城衛滅也孰滅之蓋狄滅之以上

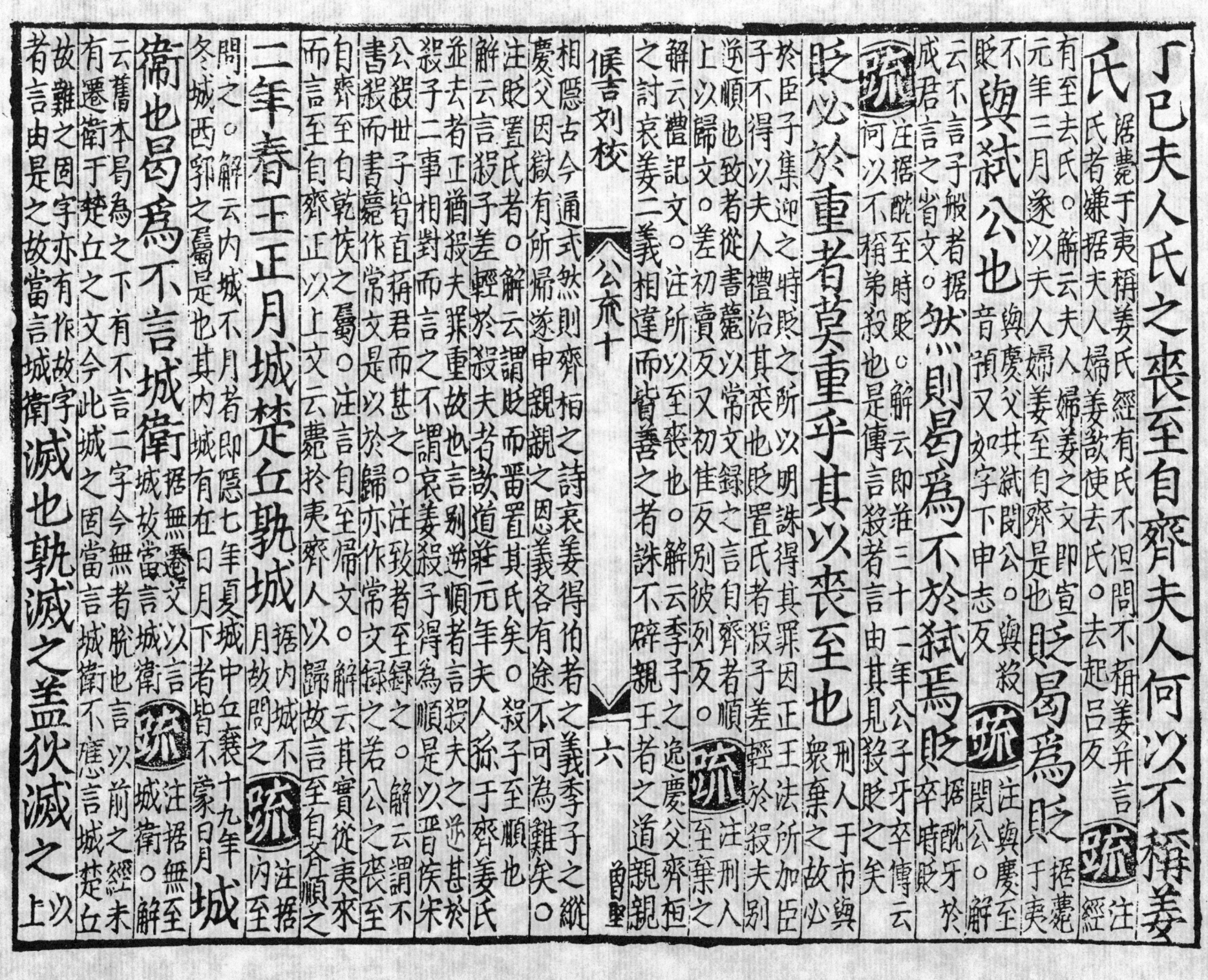

有狄入衛【疏】滅也○解云言正由是時衛國已滅故不得言衛矣○注以上有狄入衛○解云即閔二年冬狄入衛是也

曷爲不言狄滅之爲桓公諱也曷爲爲桓公諱上無天子下無方伯天下諸侯有相滅亡者桓公不能救則桓公恥之也然則孰城之據不出主名見桓公德優不待之又不獨書齊實諸侯也○爲桓于爲反下爲桓曷爲注深爲同見桓賢徧反下傳荀息見并注同桓公城之曷爲不言桓公城之不與諸侯專封也曷爲不與實與而文不與文曷爲不與諸侯之義不得專封諸侯之義不得專封則其曰實與之何上無天子下無方伯天下諸侯有相滅亡者力能救之則救之

可也復發傳者君子樂道人之善也不繫衛者明去衛而國楚丘起其遷也不書遷與救次者深爲桓公諱使若始時尚倉卒有所救其後晏然無干戈之患所以重其在而厚責之主書者起文從實也○復扶又反卒寸忽反【疏】注不繫至遷也○解云欲決襄十年冬戍鄭虎牢繫鄭矣○注不書至責之○解云正決元年經次于聶北救邢邢遷于陳儀之文○注主書至實也○解云謂經文雖不與當從其實理而與之○

夏五月辛巳葬我小君哀姜哀姜者何莊公之夫人也誅當絕不當以夫人礼書葬書葬者正齊桓討賊辟責內讎齊【疏】哀姜者何○解云欲言其妾經書小君欲言適妻與夫別謚故執不知問○註誅當至讎齊○解云即元年夫人氏之喪不言姜者是其誅文也上既誅之即當合絕不以夫人之禮書葬而書葬者欲正齊桓討得其賊故也而言辟責內讎齊者公羊之例君弒賊不討不書葬其君葬責臣子不討賊令君喪無所繫矣今若不書葬即似責魯臣子不討齊桓故言正齊桓討賊辟責內讎齊耳○

虞師晉師滅夏陽虞微國也曷爲序乎大國之上据稱師有加文

知不主會○夏陽左氏作下陽【疏】注据稱至主會○解云即隱五年秋邾婁人鄭人伐宋注云邾婁小國序上者
主會也然則邾婁小國稱人無加文而得序于鄭上者正由主會故也今虞爲小國而得稱師是有加文則知序于晉上
者不爲主會既不爲主會而在大國之上故難之知稱師爲加文者正以小國例不得稱師其稱師者乃是大國將卑師
衆之稱故也○使虞首惡也曷爲使虞首惡据楚人巴人滅庸不使邑
首惡【疏】注据楚人至首惡○解云即文十六年秋楚人秦人巴人滅庸是案彼經有秦人而不言之者直取巴爲
小國不序在上之意故省文○虞受賂假滅國者道以取亡焉其
受賂奈何獻公朝諸大夫而問焉曰寡人夜
者寢而不寐其意也何諸大夫有進對者曰
寢不安與其諸侍御有不在側者與獻公不
應荀息進曰虞郭見與猶曰虞郭豈見於君之心乎荀息素知獻公欲伐此二國

故云爾○安與音餘下者與見與同應應對之應郭音虢又如字注及下同○【疏】寢不至者與○解云言直置寢
自不安與爲侍御之人有不在側者與其諸蓋爲辭矣故桓六年傳云公羊子曰其諸以病桓與彼注云其諸辭也則知
論語云其諸異乎人之求之歟者其諸亦爲辭矣獻公揖而進之以手通指曰揖【疏】注以
手通指曰揖○解云蓋謂揖而招之言用拱揖并招引近已若文七年傳云眹晉大夫使與公盟彼注云以目通指曰眹
眹大結反又丑乙反遂與之入而謀曰吾欲攻郭則虞救
之攻虞則郭救之如之何願與子慮之荀息
對曰君若用臣之謀則今日取郭而明日取
虞爾君何憂焉獻公曰然則奈何荀息請曰
以屈產之乘屈產出名馬之地乘備駟也○屈貝物反之乘繩證反注及下同【疏】注屈
產至駟也○解云謂屈產爲地名不似服氏謂產爲產生也○與垂棘之白璧垂棘出美玉之

地○王以尚白爲美○棘一本作蕀音同往必可得也則寶出之內藏
藏之外府如虞可得猶外府藏也○內藏才浪反注同○疏注如虞至藏也解云本藏下有
之字馬出之內廄繫之外廄爾君何喪焉獻公
曰諾雖然宮之奇存焉如之何荀息曰宮之
奇知則知矣君欲言其知實知也○廄九又反喪息浪反知則音智下及注同○雖然
虞公貪而好寶見寶必不從其言請終以往
於是終以往虞公見寶許諾宮之奇果諫記
曰脣亡則齒寒記史記也○好呼報反疏虞公貪而好寶○解云謂立性貪賄於寶
甚也○請終以往○解云請君終竟齎寶馬以往不欲令其難之○虞郭之相救非相
爲賜賜猶惠也則晉今日取郭而明日虞從而亡

爾君請勿許也虞公不從其言終假之道以
取郭明郭非虞不滅虞當坐滅人○疏注明郭至滅人○解云欲道序虞于晉上令其首惡之義也○
還四年反取虞還復往故言反疏還四年反取虞○解云言晉人滅郭還歸其四年反
往滅虞矣虞公抱寶牽馬而至荀息見曰臣之謀
何如獻公曰子之謀則已行矣寶則吾寶也
雖然吾馬之齒亦已長矣蓋戲之也以馬齒長戲之喻荀
息之年老傳極道此者以終荀息宮之奇言且以爲戒又惡獻公不仁以滅人爲戲謔也晉至此乃見者著晉楚俱大國
後治同姓也以滅人見義者此楚先治大惡親疏之別○牽馬本又作掔音同已長丁丈反注同惡烏路反謔許略反別
彼列反○疏注以馬至謔也○解云言雖有謀年老必昏耄不任使故言蓋戲之○注晉至至姓也○解云卽莊
十年秋九月荊敗蔡師于莘以蔡侯獻舞歸是先書楚小惡而治之也以前不見晉之小惡者後治同姓故也○注以滅

故知然也○注當滿至即書○解云即莊三十一年冬不雨傳云何以書記異是也○注比致三旱○解云即上二年冬十月不雨三年春王正月不雨夏四月不雨是也○注即能至輒雨○解云皆感精符文○注故一月即書○解云即去年十月不雨今年正月不雨夏四月不雨是也○注不從上發傳○解云即上二年十月不雨之下已發云何以書記異也今不從其例而又發之者欲著人事之備積于是故也○徐人取舒其言取之何據國言滅疏注據國言滅○解云即莊十年齊師滅譚十三年齊人滅遂之屬是也易也易者猶無守禦之備不爲桓諱者刺其不最也○易以豉反注同爲于僞反疏注不爲至最也○解云決上一九年二年狄滅邢衞皆爲桓公諱不書其滅也○六月雨其言六月雨何據三年得雨不書疏注據上得雨不書○解云即十二年十一月十二月三年二月三月五月之屬皆不書不雨是其得雨不書也上雨而不甚也所以詳錄賢君精誠之應也僖公爲過求已六月得雨宣公復古行中其年聚大豐明天人相與報應之際不可不察其意疏注宣公至大豐○解云宣十五年初稅畝其冬蝝生宣

公受過緣災明年復古行中十六年冬大有年是也○注言天至其意○解云謂人行德天報之福人行惡天報之禍兩令相及故言之際矣此大會也○秋齊侯宋公江人黃人會于陽穀此大會也曷爲末言爾末者淺耳但言會不言盟據貫澤言盟疏曷爲末言爾○解云上二年齊侯宋公江人黃人盟于貫澤傳云大國言齊宋遠國言江黃則以其餘爲莫敢不至也此經亦書齊侯宋公江人黃人故弟子言此大會也以難之○注據貫澤言盟者○解云謂貫澤亦大會言盟故難之桓公曰無障谷無障斷川谷專水利也水注川曰谿注谿曰谷○障之亮反一音章注同斷丁管反谿口兮反疏注水注至曰谷○解云釋水文李巡云水出于山入於川爲谿水相屬曰谷是無貯粟有無當相通○貯中呂反無易樹子樹立本正辭無易本正當立之子無以妾爲妻此四者皆時人所患桓公功德隆盛諸侯咸曰無言不從曷爲川盟哉故告誓而已○冬公子友如齊莅盟莅盟者何往盟乎彼也猶曰往盟彼

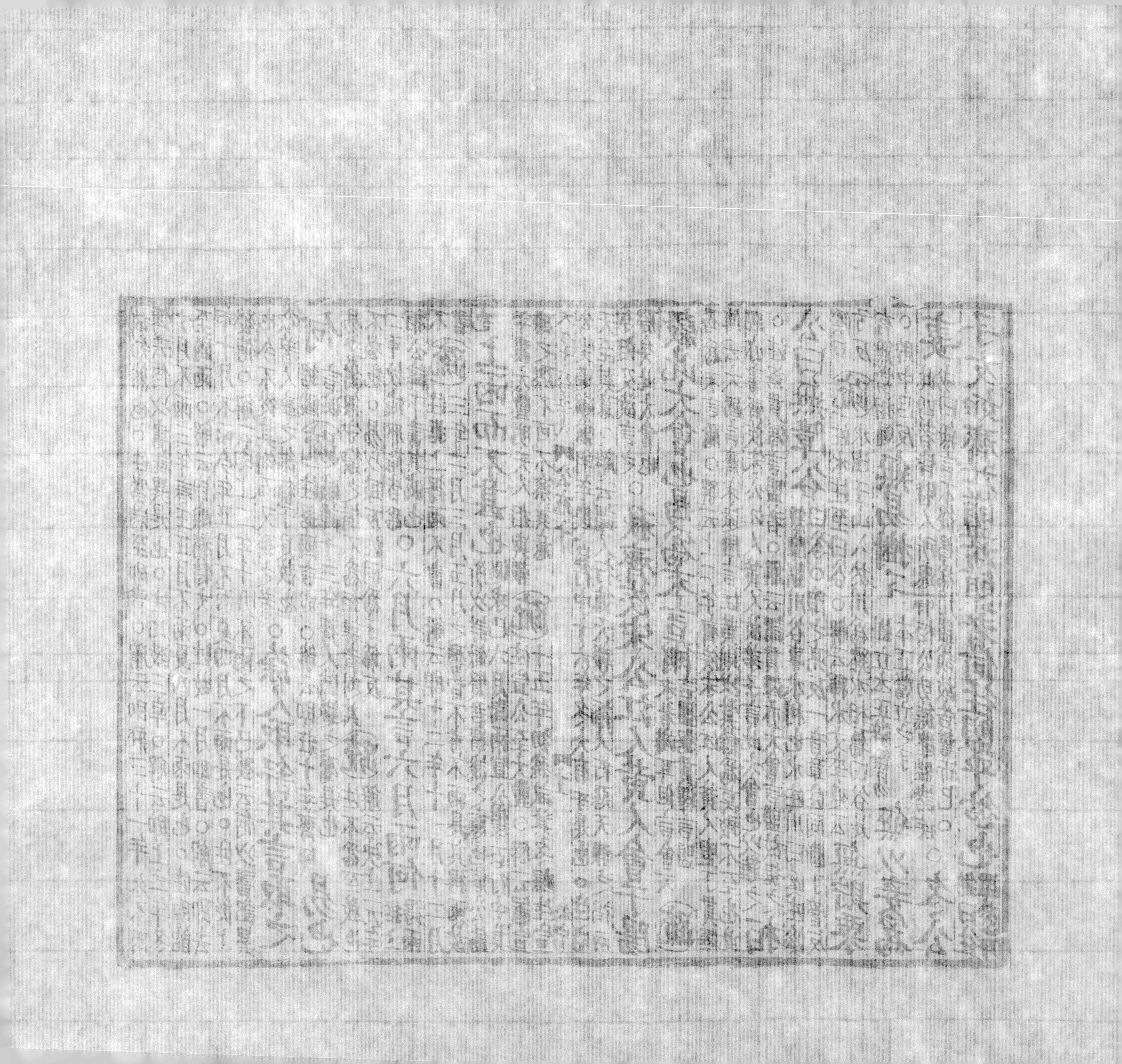

[illegible]

莅臨也時國齊都盟主國主名不出者春秋王魯故言莅以
見王義使若王者遣使臨諸侯盟飭以法度○莅音利又音
類注同以見賢遍反 疏 莅盟者何○解云以言莅盟例不
下同遣使所吏反 言莅欲言非盟而書盟見經故無
不知同 **其言來盟者何來盟于我也** 此亦因魯都以見王義使若來
之京師盟白事于王不加 疏 來盟者何○解云即文十五
莅者來就魯魯已尊矣 年春宋司馬華孫來盟宣七
年春衛侯使孫良夫來盟之屬是也但此經既有莅盟之文
故引來盟以對之○注不加至尊矣○解云正以上經言莅
者見尊魯爲王之義今此來盟者已是就魯之文足見尊魯
矣何勞言莅以見之乎若其加莅宜直云莅孫良夫盟也○

○楚人伐鄭

四年春王正月公會齊侯宋公陳侯衛侯鄭
伯許男曹伯侵蔡蔡潰潰者何下叛上也國
曰潰邑曰叛 不與諸侯潰之爲文重出蔡者侵爲加蔡舉潰爲惡蔡録義各異也月者善義兵也

潰例月叛例時○蔡潰户内反下及注同重 疏 潰者何○
直用反惡烏路反下惡其事并六年注同 解云侵君
成辭潰者深辭二者並書故執不知問○國曰潰○解云即
此及文三年春正月沈潰之屬是也○邑曰叛○解云即襄
二十六年衛孫林父入于戚以叛定十三年秋晉趙鞅入于
晉陽以叛冬晉荀寅等入于朝歌以叛之屬是也○注月者
善義兵○解云正以侵伐例時故也○注潰例月○解云即
此經書正月文三年沈潰書正月是也成九年經云庚申莒
潰彼注云日者録責中國無信同盟不能相救至爲善矣秋所
潰是也○注叛例時○解云即晉趙鞅書秋荀寅書冬之屬
是也 **遂伐楚次于陘其言次于陘何** 據召陵侵楚不言次來盟不言
陘○陘音刑召陵上照反下文同 疏 注據召至言次○解云即定四年三月公會劉子晉侯已下于召陵侵楚
是也○注來盟不言陘○解云即下文夏楚屈完來盟于召陵是也 **有俟也孰俟俟屈**
完也 時楚強大卒暴征之則多傷士衆桓公先犯其與國臨蔡蔡潰以精威行乃推以伐楚楚懼然後使屈完
來受盟脩臣子之職不煩兵血刃以文德優柔服之故詳録其止次待之善其重愛民命生事有漸故敏則有功○屈居

服矣何以致伐楚叛盟也叛盟注云爲桓公不脩其師而執濤塗故也者是

夷狄也而亟病中國數侵滅中國○亟去冀反數音朔〔疏〕注數侵滅中國○解云即莊二十八年秋荊伐鄭者是其數侵中國之文其數滅中國者即滅鄧穀之屬是也而經不書者後治夷狄故也

南夷與北狄交南夷謂楚滅鄧穀伐蔡鄭北夷謂狄滅邢衛至于溫交亂中國〔疏〕注南夷至蔡鄭○解云楚滅鄧穀不書而此言者正以上桓七年夏穀伯綏來朝鄧侯吾離來朝傳云皆何以名失地之君也故知之伐蔡鄭者謂蔡鄭服從楚即上經齊侯侵蔡蔡潰遂伐楚者蓋是蔡爲楚之屬矣其鄭爲楚屬者蓋見莊十五年鄭人侵宋十六年夏宋人齊人衛人伐鄭之文也何者莊十五年時正是桓公爲霸宋爲齊黨而鄭侵之豈不發楚故也莊十六年齊人助宋伐之豈不怒乎其從楚而侵宋也蓋于時鄭人又服于齊是以十六年秋荊伐鄭故此作注云蔡鄭矣○注北夷至中國○解云狄滅邢衛在閔元年二年狄滅溫在僖十年溫言至于者以其在後故言至于僖十年文滅溫也或者溫是畿內之國去京師近故言至于矣

中國不絕若綫綫縫帛縷以喻微也○綫息淺反

桓公救中國存邢衛是也而攘夷狄攘卻也北伐山戎是也○攘如羊反卻也卒怗荊卒盡也怗服也荊楚也○怗他協反一本作貼服也劉兆同廣雅云靜也任篇反丁篋反一本作拈或音章涉反

以此爲王者之事也言桓公先治其國以及諸夏治諸夏以及夷狄如王者爲之政云爾

其言來何據陳袁僑如會不言來

與桓爲主也以從內文知與桓公爲天下霸主

前此者有事矣謂城邢衛是也〔疏〕注謂城邢衛是也○解云即上元年夏六月齊師宋師曹師城邢二年春王正月城楚丘是城衛也是

後此者有事矣謂城緣陵是也〔疏〕注謂城緣陵是也○解云即下十四年春諸侯城緣陵是也

則曷爲獨於此焉與桓公爲主序績也序次也績功也累次桓公之功德莫大於服楚明德及強楚最爲盛○

齊人執陳袁濤塗濤塗之罪何辟軍之道也其辟軍之道奈何濤塗謂桓公曰

[illegible]

君既服南夷矣何不還師濱海而東服東夷
且歸濱涯也順海涯而東也東夷吳也從召陵東歸不經陳而趨近海道多廣澤冰草軍所便也○濤徒刀反
辟匹亦反又音避下同濱音賓涯五佳反近附近之近便婢面反疏注而趨近海道○解云趨猶鄉也謂鄉近
海之道也桓公曰諾於是還師濱海而東大陷于
沛澤之中草棘曰沛漸洳曰澤○沛澤音貝又普貝反草棘曰沛漸洳曰澤漸子廉反洳人庶反
疏注草棘至曰澤若解云爾雅無文也顧而執濤塗時濤塗與桓公俱行執者
曷為或稱侯或稱人稱侯而執者伯討也言有
罪方伯所宜討疏執者曷為或稱侯○解云即下二十八年晉侯執曹伯畀宋人成十五年晉侯執曹伯歸之于
京師之屬是也稱人而執者非伯討也此執有罪何以
不得為伯討古者周公東征則西國怨西征

則東國怨此道黜陟之時也詩云周公東征四國是皇疏注此道至時也○解云正以諸典
不見周公西討之文故也桓公假塗于陳而伐楚則陳人不
欲其反由已者師不正故也故令濤塗有此言○令力呈反不
脩其師而執濤塗古人之討則不然也以己所招
而反執人古人所不為也凡書執者惡其專執疏注凡書至專執○解云言雖有罪方伯所宜討要須白天子乃可
執之秋及江人黃人伐陳○八月公至自伐楚
楚已服矣何以致伐楚叛盟也為桓公不脩其師而執濤塗故也月
者凡公出踰二時月危公之久疏秋及至伐陳○解云內之微者矣○楚已至致伐○解云莊六年傳云得意致
會不得意致伐今此楚已服而致伐故難之○注凡公至之久○解云即此僖公春去秋乃還而云八月公至自伐楚及
襄二十八年冬公如楚二十九年夏五月公至自楚之屬皆是危而久之久字亦有作之字者案莊五年冬公會齊人比

下伐衛至六年秋公至自伐衛亦歷四時而不月者彼注云以不月者不與伐天子也故不爲危錄之者是○葬

許繆公得卒葬於所傳聞世者許大小次曹故卒少在曹後○傳文專反疏注得卒至曹後解云所傳聞之世微國卒葬例不錄之今許得書卒葬故須注解也何者正以曹許雖非大國亦非微故得錄見也知許大小次曹後者案僖五年夏公及齊侯宋公陳侯衛侯鄭伯許男曹伯會王世子于首戴許在曹上者正是會盟之序皆是主會次之非孔子之意不必得其正故何氏不以爲妨矣若然案昭十二年傳云春秋之信史也其序則齊桓晉文彼注云唯齊桓晉文會能以德優劣國大小相次序傳文云其會則主會者爲之也彼注云非齊桓晉文則如主會者爲之雖優劣大小相越不改更信史也又云其詞則丘有罪焉爾彼注云丘孔子名其取絕譏刺之辭有所失者是丘之罪然則首戴之會正是齊桓爲伯之時而云許在曹上皆是主會者次之未必得其正者案下五年之會注云世子所以會者將相公德衰諸侯背叛故上假王世子示以公義然則桓公德衰故曹在許下仍自不妨小于曹則知昭十二年傳云其序則齊桓晉文者據其盛時大判言耳○冬十有二月公孫慈帥師會

齊人宋人衛人鄭人許人曹人侵陳月者刺桓公不脩其師因見患詐不內自責乃復加人以罪○慈左氏作茲詐九況反疏注月者至以罪○解云正以侵伐例時今此書月故須主解也言因見患詐者言因是不脩其師之故而爲陳之所苦患遂爲所詐矣

五年春晉侯殺其世子申生曷爲直稱晉侯以殺據鄭殺其大夫申侯稱國也續問以殺者問殺所稱例爾非謂晉侯不當稱國爵也疏注據鄭至例爾○解云即下七年夏鄭殺其大夫申侯是也○注非謂至爵也○解云若直問曷爲直稱晉侯即嫌時不合稱晉侯傳須云以殺明其但怪何故稱晉侯以殺耳殺世子母弟直稱君者甚之也甚之者甚惡殺親親也春秋公子貫於先君唯世子與母弟以今君錄親親也今舍國體直稱君知以親親書之○舍音捨疏注今舍國體○解云謂不直言晉殺申生也○杞伯姬來朝其子其言來朝其子何據微者不當書朝連來者內辭也與其子來者問爲

直來乎爲下朝出　疏注據微至書朝○解云即隱十一年
○爲下于僞反　傳云諸侯來曰朝大夫來曰聘是也
○注連來至朝也○解云直來者即莊二十七年冬杞伯姬
來傳云其言來何直來曰來注云直來無事而來是也今此
傳文何故不云其言朝其子何而連來問之者欲問伯姬來
者爲是無事而來爲是有事言來者爲是朝其子而出之○
內辭也與其子俱來朝也　因其與子俱來禮外孫初冠有朝外祖之道故
使若來朝其子以殺直來之恥所以辟敎戒之
不明也微無君命言朝者服非實○冠古亂反　疏注禮外至之道
解云正以士冠禮冠訖見于母見于兄弟入見于姑姊乃易
服玄冠玄端爵韠奠摯見于君遂以摯見于鄉大夫鄉先生
鄭氏云易服不朝服者非朝事也摯雉也鄉先生鄉中老人
爲卿大夫致仕者然先生猶尚見之況其外祖乎故言外孫
初冠有朝外祖之道○注微無至非實○解云正見桓九年
曹伯使其世子射姑來朝彼言使來朝則有君命今既是微
人復不言使而經書
書朝明其非實也　○夏公孫慈如牟○牟莫侯反○公
及齊侯宋公陳侯衛侯鄭伯許男曹伯會王
世子于首戴爲殊會王世子　據宰周公不殊別也○首戴左
氏作首止別彼列反　疏注據宰至別也○解云即僖九年公會宰周公齊侯宋子已下于葵丘是也　世
子貴也世子猶世世子也　解貴意也言當世父位儲君副主不可以諸侯
會之爲文故殊之使若諸侯爲世子所會也自王者言之以
歷遠世子在三公下禮喪服斬衰曰公士大夫之衆臣是也
自諸侯言之世子尊於三公此禮之威儀各有所施言及者
因其文可得見汲汲也世子所以會者時桓公德衰諸侯背
叛故上假王世子示以公義　疏注使若諸至會也○解云使若世子爲
會主致諸侯於此而會之故言使若諸
侯爲世子所會也○注自王至是也○解云何氏引喪服者
欲言三公臣有爲之斬衰世子則無是卑於二公之義○注
自諸至所施○解云即殊與不殊是也何者世子於諸侯將
有君臣之義故殊也○注言及至會者○解云及汲汲之文故
隱元年傳云及猶汲汲及我欲之然則此言及者因會王世
子之經得見魯侯汲汲于齊桓矣○注時桓至公義○解云
即上四年傳文桓公不脩其師楚叛盟下文鄭伯逃
歸不盟九年葵丘之盟書曰以見危之屬皆是也　○秋

八月諸侯盟于首戴諸侯何以不序據上會序一事

而再見者前目而後凡也省文從可知間無事不省諸侯會盟一事不序

重者時世子不與盟○見賢編反省文所景反下同與音預〔疏〕注間無至諸侯○解云昭十三年秋公會劉子

晉侯已下于平丘八月甲戌同盟于平丘然則彼經以其間無事不重言諸侯今重言諸侯盟于首戴故解之○注會盟至于盟○解云文十四年公會宋公陳侯衛侯已下同盟于新城然則彼是會盟一事舉盟以爲重不言會于某今此會盟並舉故須解之也言時世子不與盟者若不言諸侯則恐世子亦與之盟故須言諸侯盟于首戴則世子不與可知○

鄭伯逃歸不盟其言逃歸不盟者何據上言諸侯鄭伯在

其中弟子疑故執不知問〔疏〕注據上至其中○解云亦有無據字者非正本不可使盟也

時鄭伯內欲與楚外依古不盟爲解安居會上不肯從桓公盟故後言不盟○解古賣反〔疏〕注時鄭伯至不盟○

解云知古不盟者正見桓三年夏齊侯衛侯胥命于蒲傳云胥命者何相命也何言乎相命近正也此其爲近正奈何古

者不盟結言而退是也不可使盟則其言逃歸何據後言不盟居會上

辭魯子曰蓋不以寡犯衆也諸侯以義相約而鄭伯懷二心欲去不肯

盟故言逃歸所以辭一人之縣由衆人之善故云爾○楚人滅弦弦子奔黃○

九月戊申朔日有食之此象齊桓德衰是後楚遂背叛狄伐晉滅溫晉里克比弒

其二君○比弒申志反〔疏〕注楚遂背叛○解云即下六年秋楚人圍許之屬是也○注狄伐晉滅溫○解云即

下八年夏狄伐晉十年春狄滅溫之屬是也○注晉里克比弒其二君○解云即下九年晉里克弒其君之子奚齊十年

春晉里克弒其君卓子是也○冬晉人執虞公虞已滅矣其言

執之何據滅言以歸上傳云四年反取虞知去滅變以歸言執○去起呂反下同〔疏〕注據滅言以歸

解云即定六年鄭游遬帥師滅許以許男斯歸之屬是也○上傳至取虞○解云注上二年○注知去至言執○解云注

言此者欲辨傳家得亦虞已滅矣之義耳不與滅也曷爲不與滅滅者

……不與……也……

……之人何……文……晉大夫……言……

……其言……可以貫則其言過……

……不……其……不……盟……也……

……而許見自目……也……

……人曰諸侯……何以不……

[illegible]

亡國之善辭也言滅者王者起當存之故爲善辭滅者上下之同
力者也言滅者臣子與君戮力一心共死之辭也不但去滅復去以歸言執者明虞公滅人以自亡當絕不
得責不死位也晉稱人者本滅而執之不以王法執治之故從執無罪辭也虞稱公者奪正爵起從滅也不從滅例月者
略之。戮音六又作勠力彫反
六年春王正月。夏公會齊侯宋公陳侯衛
侯曹伯伐鄭圍新城邑不言圍此其言圍何
彊也惡桓公行霸彊而無義也鄭背叛本由桓公過陳不以道理當先脩文德以來之而便伐之彊非所以附
疏。彊也其良反。秋楚人圍許諸侯遂救許。冬公
至自伐鄭專遷於救許以伐鄭致者舉不得意疏注事遷至得意。解云莊六年傳云得意
致會不得意致伐今此以伐致故云舉不得意然伐鄭救許皆不得意故以伐致或者但伐鄭不得意兵將復用於鄭故

舉其不得意者言之即下七年春齊人伐鄭是也
七年春齊人伐鄭。夏小邾婁子來朝至是所以進稱
爵者時附從霸者朝天子旁朝罷行進齊桓公白天子進之固因其得禮著其能以爵通疏注至是至爵者。解
云如此注者欲決莊五年秋倪黎來來朝之文。注時附至爵通。解云正以得進而稱爵故如此解小邾婁子朝天子
不書者例所不錄也今朝會而謂之旁朝者正以諸侯之法五年一朝天子但是常事故不書之欲對朝王爲正朝故謂
之旁朝案隱十一年滕侯薛侯來朝皆以其來朝新王故進稱侯今此知不由朝新王而得進者正以僖公非受命之王
故也。鄭殺其大夫申侯其稱國以殺何據晉侯殺其世
子申生侯侯疏注据晉至稱侯。解云在上五年春稱國以殺者君殺大
夫之辭也諸侯國體以大夫爲股肱士民爲肌膚故以國體錄。秋七月公
會齊侯宋公陳世子款鄭世子華盟于甯毋

亡國之善辭也言滅者王者起當存之故爲善辭滅者上下之同
力者也言滅者臣子與君戮力一心共死之辭也不但去滅復去以歸言執者明虞公滅人以自亡當絕不
得責不死位也晉稱人者本滅而執之不以王法執治之故從執無罪辭也虞稱公者奪正爵起從滅也不從滅例月者
略之。戮音六又作勠力彫反
六年春王正月。夏公會齊侯宋公陳侯衛
侯曹伯伐鄭圍新城邑不言圍此其言圍何
彊也惡桓公行霸彊而無義也鄭背叛本由桓公過陳不以道理當先脩文德以來之而便伐之彊非所以附
疏。彊也其良反。秋楚人圍許諸侯遂救許。冬公
至自伐鄭專還於救許以伐鄭致者舉不得意疏注事還至得意。解云莊六年傳云得意
致會不得意致伐今此以伐致故云舉不得意然伐鄭救許皆不得意故以伐致或者但伐鄭不得意兵將復用於鄭故

舉其不得意者言之即下七年春齊人伐鄭是也
七年春齊人伐鄭。夏小邾婁子來朝至是所以進稱
爵者時附從霸者朝天子旁朝罷行進齊桓公白天子進之固因其得禮著其能以爵通疏注至是至爵者。解
云如此注者欲決莊五年秋倪黎來來朝之文。注時附至爵通。解云正以得進而稱爵故如此解小邾婁子朝天子
不書者例所不錄也今朝魯而謂之旁朝者正以諸侯之法五年一朝天子但是常事故不書之欲對朝王爲正朝故謂
之旁朝案隱十一年滕侯薛侯來朝皆以其來朝新王故進稱侯今此知不由朝新王而得進者正以僖公非受命之王
故也。鄭殺其大夫申侯其稱國以殺何據晉侯殺其世
子申生侯侯疏注據晉至稱侯。解云在上五年春稱國以殺者君殺大
夫之辭也諸侯國體以大夫爲股肱士民爲肌膚故以國體錄。秋七月公
會齊侯宋公陳世子款鄭世子華盟于寗毋

會[illegible]宋人[illegible]

[illegible]之辭也[illegible]

[illegible]大夫[illegible]

[illegible]

七年春齊人伐鄭○夏小邾婁子來朝[illegible]

[illegible]

[illegible]至自伐[illegible]

[illegible]楚人圍[illegible]諸侯遂救許○冬公[illegible]

彊也[illegible]

[illegible]

十有[illegible]

○款苦管反毋音無咸音某○曹伯般卒○公子友如齊○冬

葬曹昭公

監本附音春秋公羊註疏僖公卷第十

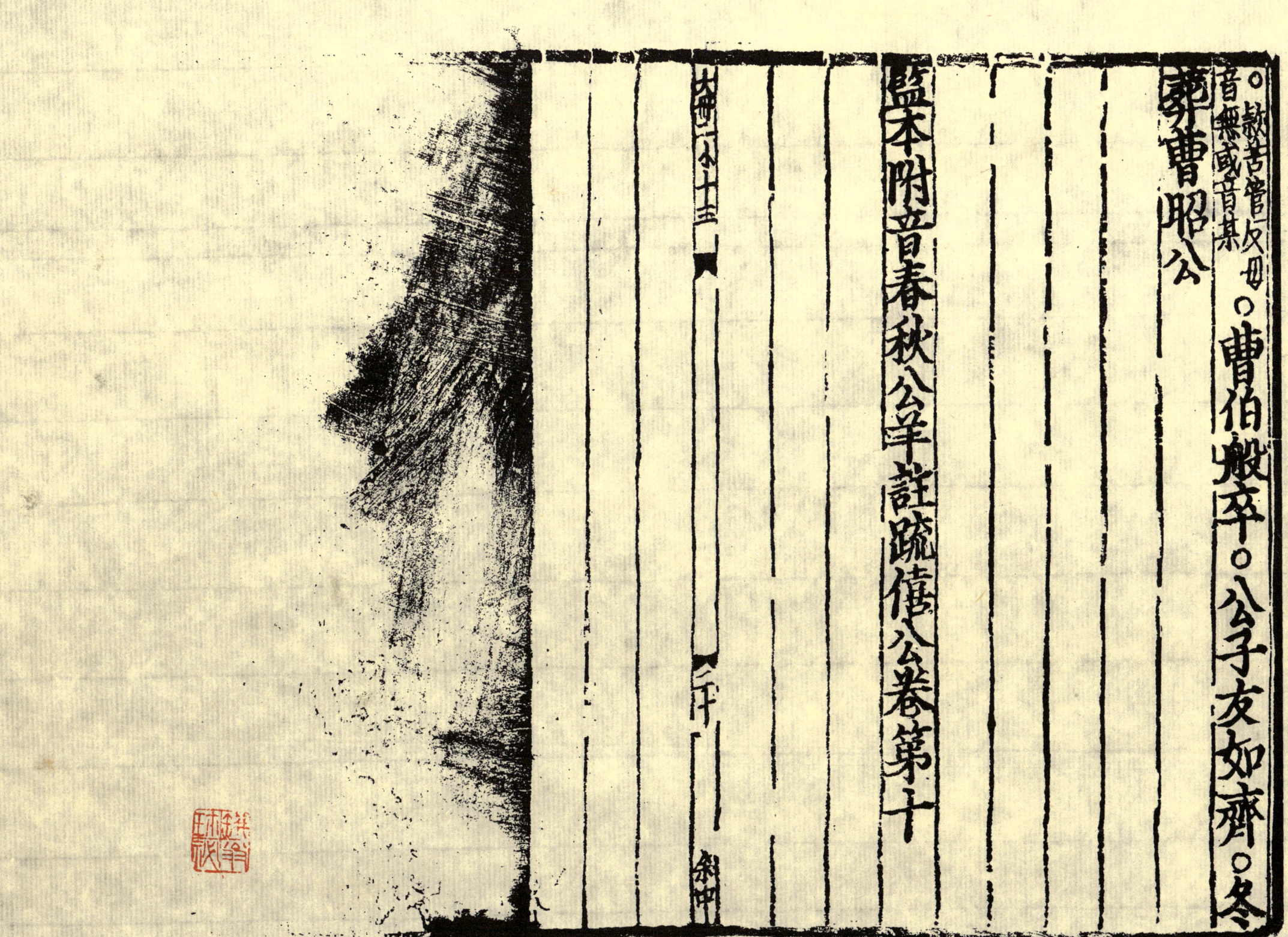

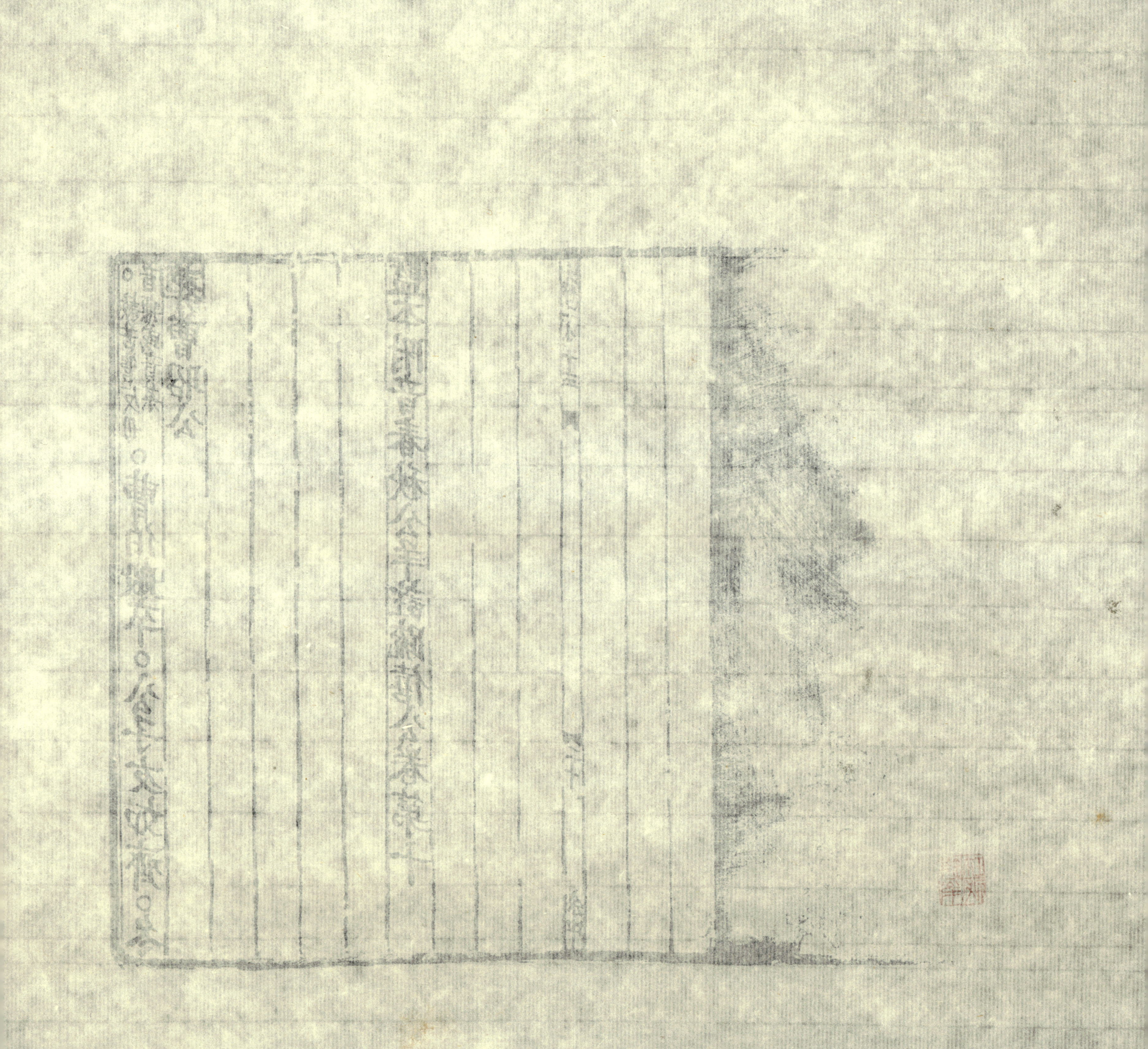